15 Jahre Master Sozialmanagement – eine Zwischenbilanz

Ludger Kolhoff · Michael Vollmer
(Hrsg.)

15 Jahre Master Sozialmanagement – eine Zwischenbilanz

Fünfte Alumini-Tagung
Sozialmanagement 2016 an der
Ostfalia Hochschule für angewandte
Wissenschaften – Hochschule
Braunschweig/Wolfenbüttel

 Springer VS

Herausgeber
Ludger Kolhoff
Wolfenbüttel, Deutschland

Michael Vollmer
Wolfenbüttel, Deutschland

ISBN 978-3-658-19155-9   ISBN 978-3-658-19156-6   (eBook)
https://doi.org/10.1007/978-3-658-19156-6

Die Deutsche Nationalbibliothek verzeichnet diese Publikation in der Deutschen National-
bibliografie; detaillierte bibliografische Daten sind im Internet über http://dnb.d-nb.de abrufbar.

Springer VS

Lektorat: Stefanie Laux

Gedruckt auf säurefreiem und chlorfrei gebleichtem Papier

Springer VS ist Teil von Springer Nature
Die eingetragene Gesellschaft ist Springer Fachmedien Wiesbaden GmbH
Die Anschrift der Gesellschaft ist: Abraham-Lincoln-Str. 46, 65189 Wiesbaden, Germany

Inhalt

Vorwort

Ein erkanntes Management- und Führungsdefizit, die Ökonomisierung der Sozialwirtschaft sowie die sich entwickelnde Output- und Qualitätsorientierung im Bereich der Sozialen Arbeit führte in den 1990 er Jahren zu ersten curricularen Entwürfen für Studiengänge, die sich unter dem Begriff Sozialmanagement versammelten, um sich einer zentralen Herausforderung zu widmen: der „Vereinigung der *Beziehungsarbeit*" mit dem *„professionalisierten Management"*. An der Entwicklung eines modularen, berufsbezogenen Weiterbildungsstudienganges zum Sozialmanagement im Rahmen des Fachhochschul-Fernstudienverbunds der Länder war der heutige Studiengangleiter, Herr Prof. Dr. Ludger Kolhoff beteiligt. 2001 wurde der *Weiterbildende Fernstudiengang Sozialmanagement* an der Ostfalia als erster Studiengang seiner Art in Deutschland akkreditiert.

Nach 15 Jahren erscheint es sinnvoll, eine Zwischenbilanz zu ziehen und die erfolgreiche Etablierung des Studienganges ein Stück weit zu dokumentieren. Am 24.09.2016 trafen sich unter der Überschrift *15 Jahre Master Sozialmanagement an der Ostfalia, Hochschule BS/Wf – eine Zwischenbilanz (5. Alumni-Tagung)* ehemalige AbsolventInnen, DozentInnen und Gäste an der Ostfalia in Wolfenbüttel, um das Ereignis zu feiern. Neben dem zwanglosen Austausch untereinander standen Vorträge im Mittelpunkt der Veranstaltung.

Eröffnet wurde der Tag mit Grußworten aus Politik, Hochschul-, Fakultäts-, und Studiengangsleitung. Als Festredner konnte Herr Prof. Dr. G. Schwarz aus München gewonnen werden, der von Beginn an als Dozent im Studiengang aktiv war und maßgeblich an der Entwicklung des Studienprogramms mitgewirkt hat. Heute befindet sich er sich im Ruhestand. Sein Vortrag *Sozialmanagement zwischen notwendiger Modernisierung der Marktökonomie und sozialer Reformpolitik – eine Zwischenbilanz* befasst sich mit dem Stand der fachlichen Diskussion im Bereich des Sozialmanagements im Kontext der Debatten um den Sozialstaat, zur Nachhaltigkeit und Wirksamkeit Sozialer Arbeit sowie der steuernden Funktion des Sozialmanagements. Weitere Vorträge beschäftigten sich mit der *Entwicklung des Public Managements in der Kommunalverwaltung* (Frau Prof. Dr. A. Tabatt-Hirschfeldt) und gingen der Frage nach: *Was ist Ihr Ziel? oder: Vom Nutzen des Coaching im Studiengang Sozialmanagement* (Frau Prof. R. Bender). Ein zusammenfassendes, anschauliches Zahlenwerk der vergangenen 15 Jahre präsentierte der Koordinator des Studienganges, Herr Dipl.-Kfm. Michael Vollmer. Unter dem Motto *„Meine Geschichte zum Sozialmanagement"* berichteten 3 Ehemalige von Ihren in der Praxis gemachten Erfahrungen und den aus ihrer Sicht positiven wie negativen Entwicklungstendenzen im Feld Sozialmanagement.

Wolfenbüttel, im Frühjahr 2017
Ludger Kolhoff und *Michael Vollmer*

Grußworte

Prof. Dr. R. Karger, Präsidentin der Ostfalia

Sehr geehrte Frau Rühland,
sehr geehrte Dekanin – liebe Sabine,
sehr geehrter Herr Prof. Dr. Schwarz,
lieber Herr Kollege Kolhoff,
verehrte Gäste, liebe Kolleginnen und Kollegen,
meine sehr geehrten Damen und Herren,

ich heiße Sie alle herzlich willkommen und freue mich, dass Sie heute hier sind mit uns den 15. Geburtstags unseres Masterstudiengangs Sozialmanagement zu feiern. Wenn wir 15 Jahre zurückblicken, dann war die Einrichtung dieses Studiengangs eine absolute Innovation und etwas ganz Besonderes! Er war der erste seiner Art, der akkreditiert wurde.

An einer Hochschule verbringen junge Menschen eine recht begrenzte, aber dafür besonders wichtige Zeit ihres Lebens. Es ist eine oft stark prägende und richtungsweisende Phase.

Auf die Studierenden eines Master-Fernstudiums warten aber noch mehr Herausforderungen: Viele von Ihnen haben das Studium neben dem regulären Job absolviert und hatten vielleicht noch Familienpflichten. In jeder freien Minute wurde gelernt und sich auf Prüfungen vorbereitet. Es gehört viel dazu, eine solche Mehrfachbelastung zu meistern, und darauf kann man sehr stolz sein. Ein Masterabschluss ist oft der Schlüssel zu weiterem beruflichen Erfolg.

In dem Moment, in dem die frisch gebackenen Absolventinnen und Absolventen unsere Hochschule verlassen, bleibt uns als Lehrende und Beschäftigte nur zu hoffen, dass jede und jeder Einzelne einen erfolgreichen und glücklichen Lebensweg vor sich haben wird.

Leider hören wir von vielen nach dem Studienabschluss nicht mehr viel.
Umso mehr freuen wir uns, wenn der Kontakt zu unseren ehemaligen Studie-
renden bestehen bleibt und sie mit der Hochschule auch weiterhin verbunden sind.
Wenn man dann auch noch hört, welch tolle Wege unsere Absolventinnen und
Absolventen nach dem Studium eingeschlagen haben, dann macht uns das sehr stolz.

Schön, dass Sie, liebe ehemalige Studierende, heute den Weg zu Ihrer Ostfalia
gefunden haben und dass drei von Ihnen uns nachher noch einen tieferen Einblick
in ihre Karriere geben werden. Sie möchte ich an dieser Stelle ganz besonders
herzlich begrüßen!

Auch für unsere aktuellen Studierenden ist es toll, durch unsere Alumni zu erfahren,
welche Perspektiven sich nach dem Studium auftun können. Gerade im Bereich des
Sozialwesens sind die Möglichkeiten ja recht breit gefächert und es ist für Studierende
enorm wichtig einen Einblick in die verschiedenen Berufsfelder zu bekommen.

Dass der Studiengang Sozialmanagement ein so erfolgreicher Studiengang an unserer
Ostfalia ist, liegt an den vielen Menschen, die in der Lehre und in der Verwaltung an
ihm mitwirken. Ich möchte die Gelegenheit nutzen und allen ganz herzlich danken,
die diesen Studiengang ins Leben gerufen haben und ihn jedes Semester aufs Neue
gestalten, ihn durchführen und weiterentwickeln. Angefangen bei der AWO und
dem -campus Wien, denen ich für die langjährige erfolgreiche Kooperation danke!

Ein FH Dank gilt meinem Amtsvorgänger Prof. Dr. Wolf-Rüdiger Umbach, meinem lieben Kollegen Volker Küch, heute hauptberuflicher Vizepräsident und damals
noch Leiter des TWW, und Herrn Zinke, der das TWW heute leitet.

Danke an die aktuelle und ehemaligen Dekaninnen der Fakultät Soziale Arbeit:
meine liebe Kollegin Sabine Brombach und natürlich auch ihre Amtsvorgängerin
Roswitha Bender, die auch heute noch aktiv am Studiengang beteiligt ist, sowie Prof.
Dr. Haas und Prof. Dr. Minte-König.

Ich danke natürlich auch allen beteiligten Dozentinnen und Dozenten und all
jenen, die die viele Arbeit im Hintergrund erledigen, stellvertretend dafür möchte ich
Herrn Vollmer nennen, der den Studiengang seit vielen Jahren erfolgreich verwaltet.

Ein besonders großes Dankeschön geht an Sie, lieber Herr Kollege Kolhoff.
Sie als Studiengangleiter haben mit dem Master Sozialmanagement ein weiteres
Aushängeschild für die Ostfalia geschaffen.

Vielen herzlichen Dank Ihnen allen und auch all jenen, deren Namen ich nicht
explizit genannt habe, für Ihren Einsatz.
Sehr geehrte Damen und Herren,
ich wünsche Ihnen eine spannende Veranstaltung und viele interessante Ein-
drücke und Gespräche. Ich hoffe, dass Sie, liebe ehemalige Studierende, auch in
Zukunft mit uns in Verbindung bleiben werden und wir uns auf der nächsten
Alumni-Veranstaltung wiedersehen. Vielen Dank!

Prof. Dr. S. Brombach, Dekanin der Fakultät Soziale Arbeit

Als Dekanin der Fakultät Soziale Arbeit begrüße ich Sie herzlich zur 5. Alumni-Tagung des Fernstudiengangs Sozialmanagement. Ich begrüße herzlich unsere Präsidentin, Prof. Dr. Rosemarie Karger, und danke Dir, liebe Rosemarie, für Dein Grußwort und die damit verbundene Wertschätzung dieses Weiterbildungsstudiengangs der Fakultät Soziale Arbeit in seiner Bedeutung für die Ostfalia Hochschule für angewandte Wissenschaften.

Ebenso danke ich der stellvertretenden Bürgermeisterin Frau Katrin Rühland für Ihr Grußwort und das damit bekundete Interesse der Stadt Wolfenbüttel für die Studiengänge unserer Fakultät.

Uns drei, die Präsidentin, die Bürgermeisterin und mich verbinden, dass wir zu unseren Abschiedsfeiern der Studiengänge Bachelor of Arts Soziale Arbeit und Master Präventive Soziale Arbeit die Absolventinnen und Absolventen beglückwünschen dürfen. Wir nehmen uns die gutgemeinte Freiheit, Ihnen Teile unseres Erfahrungswissens in unseren Reden mit auf den Weg zu geben und dürfen dafür eine Feierstunde lang in glücklich lachende Gesichter junger Menschen blicken ... vermutlich für Sie wie für mich eine der dankbarsten Aufgaben in unserem Amt.

Was mich bei diesen Verabschiedungen manchmal wehmütig macht, ist der Abschied von mir ans Herz gewachsenen Studierenden ... besonders einigen herausragende Persönlichkeiten, die in die Berufswelt ziehen und uns Lehrende zurücklassen ...aber was erleben wir heute:

Sie kommen wieder! An Ihre ehemalige Hochschule! Alma Mater! Sie wollen Ihre Lebenserfahrung mit anderen teilen!

Und einige von Ihnen haben sogar die süßen Mühen auf sich genommen, einen Beitrag, einen Vortrag zu halten: Ich danke Frau Prof. Dr. Tabatt-Hirschfeldt, die als Alumna heute zum Thema: Entwicklung des Public Managements in der Kommunalverwaltung sprechen wird. Und ich danke Frau Achnitz, Frau Bittner und Herrn Mouratidis für Ihre Beiträge zum Thema: „Meine Geschichte zum Sozialmanagement".

Zu diesem Thema könnten Sie, sehr geehrter Herr Prof. Dr. Schwarz, auch persönliche Worte finden. Als Lehrender der ersten Stunde in diesem Studiengang sind Sie eine Art „kollegialer Alumni". Wir danken Ihnen für langjähriges Engagement! Herzlichen Dank für Ihre Bereitschaft zu dem heutigen Festvortrag mit dem Titel: „Sozialmanagement zwischen notwendiger Modernisierung der Marktökonomie und sozialer Reformpolitik – eine Zwischenbilanz. Und ein besonderen Dank für Ihre weite Anreise aus München.

Eine lange Anreise hat auch Frau Prof. Dr. in Brigitta Zierer aus Wien auf sich genommen. Als jetzige Departmentleiterin Soziales und Studiengangleiterin Sozialwirtschaft und Soziale Arbeit am FH Campus Wien weiß auch sie, dass es im Jahr 2004/2005 eine erfolgreiche Kooperation beider Studiengänge gab, in dem eine vollständige Kohorte Studierender neben der Braunschweiger Kohorte zum Studienabschluss gebracht werden konnte. Herzlich willkommen.

Kurze Wege, aber eine lange zeitliche Verbundenheit: Ich begrüße aus Braunschweig/Wolfenbüttel Frau Prof. Roswitha Bender, die seit Beginn dieses Studiengangs die Studierenden coacht und uns Ihre Auswertung in Ihrem Vortrag: „Was ist Ihr Ziel? Oder: Vom Nutzen des Coaching im Studiengang Sozialmanagement" vorstellt. Herzlichen Dank, liebe Roswitha, für 15 Jahre Lehre im Fernstudiengang.

Ebenso danke ich dem Initiator des Studiengangs und von Beginn an als Studiengangleiter tätigen Kollegen Prof. Dr. Ludger Kolhoff, der inhaltlich für diese Tagung verantwortlich ist und uns thematisch in das Tagungsthema einführen wird.

15 Jahre Studiengang Sozialmanagement wären an unserer Fakultät undenkbar ohne die Konstante des „Verwalters". Alle Studierenden kennen Herrn Michael Vollmer und auch in unserer Fakultät steht sein Name einzigartig für diesen Studiengang. Er wird uns darüber heute berichten: „15 Jahre Master Sozialmanagement aus der Sicht eines „Verwalters". Wir sind gespannt auf Interna.

Ich erinnere noch gut an unser letztes Alumnitreffen vor fünf Jahren: gerade hatten wir als Fakultät diese neuen Räumlichkeiten hier oben am Exer 6 bezogen. Lehrende, Mitarbeitende in der Verwaltung und Studierende versuchten heimisch zu werden und diejenigen von Ihnen, die damals dabei waren, trauerten als „alte Braunschweiger" der quirligen Weststadt nach gegenüber dem beschaulichen Campus in Wolfenbüttel.

Nun sind wir eingerichtet und ich freue mich, dass Sie diese lichten, mit modernster Technik ausgestatteten Räume unserer Fakultät zum gemeinsamen „Netzwerken" nutzen.

Ich unterstütze diese Art von „anderem Klassentreffen". Soll sich dadurch doch eine win-win-Situation ergeben: Die neuen Studierenden des Studiengangs profitieren von den Erfahrungen der „Alten", die Führungskräfte in den unterschiedlichen Arbeitsfeldern können nach „passigen" Berufseinsteigern fahnden und den Ehemaligen bietet sich die Gelegenheit, eine Personalbörse zu initiieren.

Oder Sie denken über einen wissenschaftlichen Berufsweg nach. Unsere Fakultät ist in den letzten Jahren sehr an Nachwuchsförderung interessiert. So haben wir mehrere Qualifikationsstellen geschaffen mit dem Ziel der Promotion. Zudem sind wir beteiligt am Graduiertenkolleg für ein Georg-Christoph Lichtenberg Stipendium des Landes Niedersachsen, in dem 15 Stipendien zum Promotionsprogramm: „Konfiguration von Mensch, Maschine und Geschlecht. Interdisziplinäre Analysen zur Technikentwicklung" vergeben werden. Und ich weise Sie hin auf die Homepage des Kollegen Prof. Dr. Rudolf Schmitt, der seit Jahren ein Netzwerk der

Promovenden in der Sozialen Arbeit initiiert und dazu eine Promotionsrundmail (mittlerweile Nr. 161) verschickt.

Für uns als Fakultät Soziale Arbeit schafft diese Veranstaltung als Form des Innenwirkens auch eine erhöhte Außenwirkung! Ich schätze diese Art Veranstaltung auch, weil sie ein Teil des kollektiven Gedächtnisses einer Institution darstellt.

Und Sie entscheiden für den heutigen Tag: Was wollen Sie mitnehmen? An was wollen Sie sich erinnern? Was wollen Sie vergessen? Ja, richtig: Sie werden vergessen! So sehr Sie dies nach all den Anstrengungen des Lernens bedauern mögen!

Aber ich darf Sie beruhigen: Sie sollen sogar vergessen! In der Wochenzeitung „Die Zeit" provoziert die Autorin Stefanie Kara mit dem Titel: *„Vergiss es! Sie haben ein löchriges Gedächtnis? Hervorragend! Vergessen befreit, hält die Liebe frisch und die Gesellschaft zusammen."* (Die Zeit N. 33 vom 13. August 2016, S. 27ff.)

Klingt befreiend, ist aber argumentativ nicht bequem. Vergessen hat einen schlechten Ruf, deutet auf ein mangelhaftes Gedächtnis, bei manchen sogar auf einen Identitätsverlust hin. In zahlreichen psychologischen Therapieansätzen wird das Hervorholen von oft schmerzlichen Erinnerungen als Voraussetzung für psychische Heilung angesehen. Auch für viele Historiker erscheint Vergessen als Bremsklotz für Lernfähigkeit aus den Fehlern der Geschichte.

Und doch steht da die Beobachtung des Soziologen Niklas Luhmann (in: Die Gesellschaft der Gesellschaft, 1998, S. 25): *„Die Hauptfunktion des Gedächtnisses liegt also im Vergessen, im Verhindern der Selbstblockierung des Systems durch ein Gerinnen der Resultate früherer Beobachtungen."*

Was meint er? Dass die Menschen, wenn sie sich erinnern, keine unbeeinflussten, unvoreingenommenen Entscheidungen mehr fällen können? Dass ein Erinnern häufig den Drang zur Rache und zur Erwiderung der Rache auslösen kann? Erleichtert demnach Vergessen Amnestie? Ist Vergessen politisch sinnvoll?

Dagegen steht insbes. für uns Deutsche, dass die Verbrechen der Nationalsozialisten das Gebot des Vergessens außer Kraft gesetzt haben. Die Erinnerung an Auschwitz sei „unabweisbar", so der Geschichtswissenschaftler Christian Meier.

Aber gibt es etwas zwischen seliger Geschichtslosigkeit und heillosem Gedenken? Wir alle werden diese gesellschaftliche Aufgabe weiterdenken müssen. Und wie steht es im persönlichen Bereich? Ist ein Vergessen nach einer Vergebung nicht die Voraussetzung für einen Neuanfang? „Glücklich ist, wer vergisst, was nun nicht zu ändern ist …" So beschwingt wird in der Operette ‚Die Fledermaus' von Johann Strauß geschmettert. Ohne das Löschen wären wir unfähig, etwas zu speichern … das ist doch beruhigend. Und auf der anderen Seite lässt sich Vergessen auch nicht verordnen.

Der markige Hinweis: „Vergiss es" fördert eher das trotzige Merken. Ohne Vergessen wären wir unfähig zu handeln, zu lernen, ja vielleicht sogar unfähig zu lieben (Kara, a. a. O., S. 27). Also: fühlen Sie sich befreit: Vergessen ist kein alleiniger Makel sondern kann auch heilsam sein ...

Ich wünsche Ihnen für den heutigen Tag: interessante Vorträge, erstaunliche Erkenntnisse, das für Sie passende Vergessen und viel Vergnügen beim persönlichen Austausch.

Ich bedanke mich für Ihre Aufmerksamkeit!

Literatur

Kara, S. (2016). Vergiss es! Sie haben ein löchriges Gedächtnis? Hervorragend! Vergessen befreit, hält die Liebe frisch und die Gesellschaft zusammen. *Die Zeit*, Nr. 33/2016.

K. Rühland, stellvertretende Bürgermeisterin der Stadt Wolfenbüttel

Meine sehr geehrten Damen und Herren,

ich bedanke mich für die Einladung zu der heutigen Veranstaltung und freue mich, einige Worte an Sie richten zu können. Zum 15-jährigen Bestehen des Masterstudienganges „Social Management" hier an der „Ostfalia" spreche ich Ihnen – auch im Namen von Bürgermeister Thomas Pink – der heute leider nicht hier sein kann – sowie von Rat und Verwaltung der Stadt Wolfenbüttel die besten Glückwünsche aus.

Vor nunmehr 15 Jahren wurde ein Studiengang ins Leben gerufen, der sich aufgrund seines innovativen Konzeptes zu Recht durchgängig großer Beliebtheit erfreut.

Als Bilanz kann deshalb festgestellt werden, dass durch die individuelle Gestaltung des Studiums, in Verbindung mit klaren Qualifikationszielen für Studierende vielfältige Möglichkeiten im Hinblick auf das weitere Berufsleben angeboten werden.

In seiner inhaltlichen Struktur und seiner praktischen Ausrichtung orientiert sich der Masterstudiengang dabei stets an den sich verändernden Anforderungen, die künftige Führungskräfte erfüllen müssen.

Wir alle wissen: Von der guten Einbindung qualifizierter Studentinnen und Studenten in die Arbeitswelt profitieren auch Unternehmen und Institutionen in Wolfenbüttel und der Region. Aufgrund ihrer Qualifikation bestehen für die Absolventen gute Chancen auf dem Arbeitsmarkt.

Ebenso breit wie die im Studium erworbenen Fähigkeiten ist dabei das Spektrum der möglichen Berufe. Dieses reicht von Tätigkeiten im Marketing, im Journalismus, in der Öffentlichkeitsarbeit, in der Werbung, bis hin zum Personalmanagement und zur Sozialforschung.

Dies alles ist nicht zuletzt ein Beleg für das erfolgreiche Konzept des Studiengangs.

Daher, meine Damen und Herren, möchte ich an dieser Stelle deutlich betonen: Der „Ostfalia" ist es erfolgreich gelungen, sich mit dem Studienangebot „Master of Social Management" in den vergangenen 15 Jahren im Wettbewerb mit vergleichbaren Einrichtungen und Angeboten einen festen Platz zu erobern.

Mein herzlicher Dank gilt dabei allen, die zum Aufbau und zur Fortentwicklung des vielfältigen Studienangebotes beigetragen haben und weiterhin beitragen werden.

Vor allem möchte ich mich aber auch bei den Studierenden bedanken, die dieses herausragende Studienangebot erst wirklich mit Leben füllen. Sie sind es, die ihre erworbenen Fähigkeiten und Fertigkeiten nicht nur zum eigenen, sondern zum Wohl unserer gesamten Gesellschaft nutzen und als kompetente Ansprechpartner unserer Volkswirtschaft hervorragende Dienste leisten.

Das 15-jährige Jubiläum ihres Studienganges feiert die „Ostfalia" heute nun mit einer Tagung, die ein schöner Beweis dafür ist, wie sich ehemalige und heutige Studierende miteinander verbunden fühlen und in enger Zusammenarbeit künftige Herausforderungen angehen und Probleme lösen wollen.

Ich wünsche Ihnen daher an dieser Stelle eine interessante und erfolgreiche Tagung, von der Sie viele Informationen, Ideen und Inspirationen mitnehmen.

Vielen Dank für Ihre Aufmerksamkeit.

I
Einführung in die Tagung

15 Jahre Master Sozialmanagement an der Ostfalia, Hochschule Braunschweig / Wolfenbüttel

Ludger Kolhoff

Ich danke Ihnen liebe Frau Präsidentin Prof Dr. Karger für die freundlichen Grußworte und auch Ihnen Frau Rühland für Ihre freundlichen Worte. Ich freue mich sehr, dass sie den Weg zu uns gefunden haben. Auch dir, liebe Sabine, danke ich für deine Worte und Unterstützung. Du hast darauf hingewiesen, dass unser Studiengang vor 15 Jahren eine Innovation war. Zwar gibt es mittlerweile eine ganze Reihe von anderen Studiengängen, doch unser Studiengang ist immer noch agil, lebendig und innovativ. Daran sind insbesondere unsere Studierenden beteiligt, die immer wieder neue Fragestellungen und Thematiken einbringen, die wir dann gemeinsam bearbeiten.

Meine Damen und Herren. Ich möchte ganz herzlich den Festredner des heutigen Tages Herrn Prof. Dr. Schwarz begrüßen, der aus München zu uns gekommen ist und die Kollegin Prof. Dr. Zierer aus Wien, weiterhin die anderen Referentinnen und Referenten des Tages, dich liebe Roswitha, und Sie, lieber Herr Vollmer und unsere Alumnas Kathrin Achnitz und Wibke Bittner und unseren Almuni Jannis Mouratidis, die über ihre Erfahrungen mit dem Sozialmanagement berichten werden, und auch dich liebe Andrea. Ich freue mich auf deinen Vortrag. Ganz besonders möchte ich aber Sie, liebe Absolventinnen und Absolventen begrüßen und Sie, liebe Studierende des Masterstudiengangs.

Meine sehr verehrten Damen und Herren!
Unser Master Sozialmanagement qualifiziert für Leitungspositionen in der Sozialwirtschaft, einem Wirtschaftszweig, der immer mehr an Bedeutung gewinnt. So stellt die Sozialwirtschaft bspw. hier in Niedersachsen nach Handel, Instandhaltung und Reparatur von Kfz, den zweitgrößten Wirtschaftszweig da. Die Bruttowertschöpfung der Sozialwirtschaft lag in Niedersachsen 2010 bei 16,2 Milliarden € und über der anderer Wirtschaftszweige, beispielsweise der des Verkehrs- oder Baugewerbes oder auch der der Automobilindustrie (LAG FM Niedersachsen

2012, S. 10). Der Sektor weist eine hohe Dynamik aus und ist in Niedersachsen von 2000 – 2010 um 44 % gewachsen, während der Zuwachs der Gesamtwirtschaft bei 13 % lag. Hervorzuheben ist auch die Zahl der sozialversicherungspflichtigen Beschäftigten. In der Sozialwirtschaft Niedersachsens waren im Jahre 2010, 288.900 Menschen beschäftigt. Dabei handelte es sich zu etwa 80 % um Frauen (LAG FM Niedersachsen 2012, S. 10).

Dieser große Sektor muss bewirtschaftet werden und die Rahmenbedingungen hierfür haben sich in den letzten Dekaden sehr stark verändert. Während bis Mitte der 1990er Jahre das Soziale vorwiegend verwaltet wurde, sind seitdem Marktmechanismen eingeführt worden. Das Feld des Sozialen wurde ökonomisiert und in der Folge hat sich das Berufsbild der in leitenden Funktionen Tätigen verändert. Zu den inhaltlichen kamen vermehrt Managementanforderungen, und der Bedarf an Sozialmanagementkompetenzen wurde immer stärker.

Auf diese Herausforderung haben wir reagiert und in Braunschweig den ersten akkreditierten und mehrmals reakkreditierten Studiengang zum Sozialmanagement angeboten, dessen 15-jähriges Bestehen wir heute feiern.

Unser Masterstudiengang ist in sechs Module aufgeteilt:

1. Grundlagen des Sozialmanagements
2. Rechtsgrundlagen
3. Betriebswirtschaftliche Grundlagen
4. Management des Organisationswandels
5. Personal-, Qualitäts- und Ressourcenmanagement und
6. Informationsmanagement

Im Rahmen dieser Mastermodule werden grundlegende Kenntnisse und Fähigkeiten vermittelt und unsere Studierenden auf das Feld des Sozialmanagements in der Sozialwirtschaft vorbereitet, um im Außenverhältnis Anschlussfähigkeiten zu den Funktionssystem der Gesellschaft herzustellen, denn es geht darum, Ressourcen für die Sozialwirtschaft zu sichern, die in unserem Gemeinwesen politisch und rechtlich festgelegt und verwaltet werden[1].

---

1   Der Markt der Sozialwirtschaft unterscheidet sich von anderen Märkten insbesondere auch dadurch, dass es keine schlüssigen Tauschbeziehungen gibt. Wir sprechen von einem Dreiecksverhältnis der Leistungserbringung. Die Leistungserbringer, die Einrichtungen der Sozialwirtschaft, erbringen personenbezogene Dienstleistungen. Die Leistungsempfänger sind gegebenenfalls aufgrund sozialrechtlicher Bestimmungen anspruchsberechtigt, so dass dann ein Kostenträger als Dritter in das Dreiecksverhältnis eintritt.

- Die Module Grundlagen des Sozialmanagements und Informationsmanagement vermitteln Anschlussfähigkeit zum Funktionssystem der Politik und
- das Modul Rechtsgrundlagen des Sozialmanagements, Anschlussfähigkeit zur Verwaltung.
- Im Modul betriebswirtschaftliche Grundlagen des Sozialmanagements geht es um Anschlussfähigkeiten zum System der Wirtschaft. Es werden betriebswirtschaftliche Kenntnisse vermittelt und auf das Handlungsfeld der Sozialen Arbeit bezogen. Hier liegt der Schwerpunkt des Studiengangs.

Die Sozialwirtschaft erbringt personenbezogene Dienstleistungen und in der Folge sind die Personalkosten mit Abstand die wichtigsten Kosten der Sozialwirtschaft. Folglich gilt es im Innenverhältnis das Personal zu managen und zu bewirtschaften und Strukturen so zu gestalten, dass die personenbezogene Dienstleistung effizient und effektiv durchgeführt werden kann.

- Diesem Innenverhältnis widmen wir uns in den Modulen Management des Organisationswandels und
- im Modul Personal-, Qualitäts- und Ressourcenmanagement.

Wir haben ein Studienangebot konzipiert, das sich an Berufstätige richtet und ein Fernstudium mit Präsenzeinheiten konzipiert. Es ist berufsbegleitend studierbar, wobei nicht verschwiegen werden soll, dass dieses Studium von allen Beteiligten ein enormes Maß an Engagement und Energie fordert.
Der Studiengang ist durch einen Mix von Vermittlungsformen gekennzeichnet. Zum Studienkonzept gehören neben Fernstudieneinheiten Präsenzphase vor Ort, die das im Selbststudium Gelernte vertiefen und ergänzen. Hinzu kommen Coaching-Einheiten. Weiterhin studienbegleitende Leistungen, die nicht nur einen Prüfungscharakter haben, dies ist sicherlich im Rahmen eines Studiums immer notwendig, sondern auch der individuell fachlichen und persönlichen Qualifizierung dienen. Wir sehen als eine Prüfungsform die Hausarbeit mit Präsentation vor. Zu jeder Hausarbeit gibt es eine Rückkoppelung in Form eines schriftlichen Gutachtens, die durch eine Rückmeldung von 2 Professoren im Rahmen der Präsentation ergänzt wird. Wir haben erfahren, dass dieses Verfahren dazu geführt hat, dass die vorgelegten Hausarbeiten und Präsentationen immer besser wurden.
Unser Studiengang besteht am Standort Braunschweig seit 2001. Kooperationen erfolgten 2003/2004 mit der Arbeiterwohlfahrt am Standort Remagen und 2004 und 2005 mit dem FH Campus Wien am Standort Wien.
Hilfreich bei der Initiierung des Studiengags war eine Aufforderung des Ministeriums an den damaligen Fachbereich, sein Angebot im Bereich Sozialmanagement

zu erweitern. In der Folge konnte neben der meinigen, mit Georg Kortendieck eine weitere Professur für den Bereich Sozialmanagement besetzt werden. Uns gelang es weiterhin, einschlägig ausgewiesene Kollegen wie Gotthart Schwarz aus München, Armin Wöhrle aus Mittweida, Klaus Schellberg und Herbert Bassarak aus Nürnberg und Gerhard Guldner aus Berlin zu gewinnen. Aus Braunschweig/Wolfenbüttel standen und stehen neben meiner Person und Georg Kortendieck, auch Joachim Döbler und Ansgar Marx zur Verfügung und für das Coaching Roswitha Bender und in der Nachfolge von Erika Pillardy, Thomas Harmsen. Neu hinzu kommen demnächst Holger Wunderlich und Katrine Hörsting aus Wolfenbüttel.

Ich freue mich sehr, dass Gotthart Schwarz, der den Masterplan zu diesem Studiengang geschrieben hat, heute bei uns ist und den Festvortrag halten wird. Er hat Pionierarbeit geleistet und mitgeholfen das Management am Sozialen zu orientieren. Er wird auf die Entwicklungslinien des Sozialmanagements hinweisen, auf Reformansätze aber auch auf neoliberale Tendenzen und Strukturen, in deren Kontext wir uns in den letzten Jahren bewegt haben.

Weiterhin freue ich mich auf den Beitrag von Michael Vollmer, der von Anfang an den Studiengang koordiniert hat. Er spricht zum Thema „Sozialmanagement aus der Sicht eines Verwalters". Von Anfang an dabei ist auch Roswitha Bender. Sie referiert zum Thema „was ist ihr Ziel, vom Sinn des Coachings im Weiterbildungsstudiengang Sozialmanagement". SozialmanagerInnen müssen sich im Spannungsfeld von Management und Sozialer Arbeit bewähren. Mehr denn je ist hier das Wissen notwendig, dass wir in diesem Studiengang vermitteln, aber auch die Vermittlung von darüber hinaus gehenden Kompetenzen, die z. B. im Coaching herausgearbeitet werden.

Abschließend kommen unsere AbsolventInnen zu Wort. Sie berichten über ihre Karrierewege, die ganz unterschiedlich sind, ihre persönlichen Geschichten zum Sozialmanagement und die Frage „was es ihnen gebracht hat" und wo sich Erwartungen erfüllt oder nicht erfüllt haben.

Es beginnt Frau Kathrin Achnitz mit einem Vortrag zum Thema „Haben Sie so etwas schon einmal gemacht?" – Meine Geschichte zum Sozialmanagement. Dann wird Frau Wibke Bittner zur „Generationen X,Y,Z" oder „Nichts ist so beständig wie der Wandel" referieren. Herr Jannis Mouratidis behandelt das Thema „Sozialmanagement in der öffentlichen Verwaltung". Den Schluss macht unsere Absolventin und Kollegin Prof. Dr. Andrea Tabatt-Hirschfeldt. Sie referiert zum Thema "Entwicklung des Public Managements in der Kommunalverwaltung – am Beispiel des Umgangs mit Flüchtlingsströmen und Attentaten in Deutschland."

Nun wünsche Ich Ihnen viele neue Erkenntnisse und anregende Begegnungen und Gespräche.

Literatur

Landesarbeitsgemeinschaft Freie Wohlfahrtspflege in Niedersachsen: Gemeinsam wirtschaftlich menschlich – sozial stark handeln: Die Bedeutung der Sozialwirtschaft in Niedersachsen, http://lag-fw-nds.de/fileadmin/pictures/Dokumente/ Broschuere_Sozialwirtschaft.pdf, Zugriff: 10.9.2016.

II
Vorträge

Sozialmanagement zwischen notwendiger Modernisierung der Marktökonomie und sozialer Reformpolitik

Wie politikabstinent ist das Sozialmanagement?[1]

Gotthart Schwarz

Einleitung

> „Das Soziale ist das Programm, das Sozialer Arbeit eignet und an dem sich die managende Tätigkeit zu orientieren hat"[2].

Dieser Satz von Christine Bader aus dem Jahre 1999 über die Beziehung zwischen Sozialer Arbeit und Sozialmanagement kann als Leitmotiv für die folgenden Überlegungen dienen.

Mit ihnen will ich versuchen – im Rückblick von ca. 35 Jahren – zu rekonstruieren und analysieren, wie das Sozialmanagement seine Steuerungskompetenz im Sozialbereich umgesetzt hat und seinerseits von den Entwicklungen und Einflussnahmen aus Politik, Wirtschaft, Verwaltung und Zivilgesellschaft gesteuert wurde. Welche eigenständigen Versuche der Theorieentwicklung und Profilbildung haben das Selbstverständnis der jungen Disziplin Sozialmanagement in den zurückliegenden Jahren geformt? Und welche Einflüsse von außen, also aus der Praxis, von den Kooperationspartnern in Wirtschaft, Politik und Verwaltung haben an dieser Profilbildung mitgewirkt – und in welcher Weise?

Ist es dem Sozialmanagement gelungen, den sozialen Problemen in diesem Lande mehr Gehör und stärkeren Einfluss auf den politischen, ökonomischen und gesetzgeberischen Entscheidungsebenen zu verschaffen? Oder haben umgekehrt die politischen und ökonomischen Turbulenzen der letzten Krisenjahre zu der verbreiteten „politischen Abstinenz" des Sozialmanagements beigetragen?

---

1   Vortrag anlässlich der 15. Jahresfeier des Masterstudiengangs Sozialmanagement an der Ostfalia Hochschule Wolfenbüttel am 24.09.2016.
2   Bader 1999, S. 35.

11

Im Fokus der Überlegungen stehen dabei weniger die Bemühungen um das theoretische Selbstverständnis, die wissenschaftliche Orientierung und Positionierung
der noch jungen Disziplin im Felde der anderen Bezugswissenschaften (Ökonomie,
Politik- und Verwaltungswissenschaft, Philosophie, Erwachsenenbildung etc.)[3].
Vielmehr sollen im Rahmen einer knappen Analyse die Anfänge des Sozialmanagements und die Arbeit des Fachausschusses Sozialmanagement (1998 – 2003)
reflektiert werden.

In einem zweiten Schritt will ich einige Anmerkungen zu den Einflüssen und
Auswirkungen der neoliberalen Wirtschaftstheorie (Stichworte: Thatcherismus –
Reagonomics – Washington-Consensus) einer nunmehr fast 40-jährigen markt-
radikalen Wirtschaftspolitik Geiste machen.

Abschließend versuche ich eine Antwort auf die noch wenig diskutierte Frage,
welchen Beitrag das Sozialmanagement zur Stabilisierung des Sozialstaats leisten
kann, aber derzeit noch schuldig bleibt?

Anfänge des Sozialmanagements in den 80er Jahren

Manche von uns Älteren erinnern sich vielleicht noch an die Sonntagabend-Talk-
runden der ARD bei Sabine Christiansen mit ihren lautstarken Klagen über den
miserablen Zustand der deutschen Wirtschaft im Allgemeinen und die Modernisie-
rungsdefizite deutscher Unternehmen und Verwaltungsbehörden im Besonderen.

Deutschland als der „kranke Mann Europas", wie der *Guardian* 2005 schrieb,
war ein beliebtes Thema, an wohlmeinenden Ratschlägen aus Wirtschaft, Politik
und Publizistik fehlte es nicht – an durchdachten, konkreten und realisierbaren
Lösungsvorschlägen schon eher.

„Weltmeister ist Deutschland derzeit nicht in der Präsentation aufsehenerregender
Erfindungen, intelligenter Beschäftigungsmodelle oder in der Eroberung interes-
santer Märkte, schon gar nicht auf dem Sektor zukunftsweisender, politischer Entscheidungen…. Nein, Weltmeister ist das Land in der Disziplin, die Deutsche schon
immer bestens beherrschten: Jammern, Barmen, Stöhnen"[4] schrieb die Süddeutsche
Zeitung im März 1994.

„Neue Köpfe braucht das Land" in Politik und Verwaltung, in den Unternehmen
und Gewerkschaften, die Rückkehr zu den „alten Tugenden" (Fleiß, Bescheidenheit,

---

3 Wöhrle 2012.
4 Deckstein 1994.

Gehorsam) forderten die einen, nach den „neuen Tugenden" Kreativität, Spontaneität Risikofreudigkeit und Querdenken riefen andere[5].

Im Zentrum der Kritik an Unternehmen, Behörden und den Wohlfahrtsverbänden standen Schwächen und Defizite wie z. b. mangelnde Lernfähigkeit und Problemlösungskompetenz, fehlende Flexibilität und Innovationskraft, gefordert wurden Hierarchie- und Bürokratieabbau, „flache Hierarchien", „schlanker Staat" und „lean Management".

Die Stimmung war schlecht im Lande, dem es erstaunlicherweise aber gar nicht so schlecht ging. Die einen sprachen von den „verschlafenen Jahren" der Kohl-Regierung (1982 – 1998), andere suchten die Schuld bei der „rot-grünen Regierung" (1998 – 2005), der es an Kompetenz und „know how" fehle („die können es nicht!").

Für eine umfassende Reform der Kommunalverwaltungen ergriff die „Kommunale Gemeinschaftsstelle für Verwaltungsmanagement" (KGSt) Anfang der 90er Jahre die Initiative und legte ihr Konzept für ein „Neues Steuerungsmodell" (NSM) vor.

Durch eine klare Aufgabenzuweisung und Rollenverteilung zwischen Politik und Verwaltung sollten Zuständigkeiten geklärt, Entscheidungswege verkürzt und Transparenz geschaffen werden. Kontraktmanagement zwischen den zuschussgebenden Behörden und den Auftragnehmern sollte für klare Ziele und deren wirtschaftliche Umsetzung sorgen, Entscheidungen nicht mehr allein an der Spitze der Organisation, sondern dezentral auf den Ebenen erfolgen, wo der einschlägige Sachverstand angesiedelt ist (dezentrale Gesamtverantwortung). Outputsteuerung und Wirksamkeitskontrollen sollten für Qualität und Nachhaltigkeit der kommunalen Entscheidungen und Dienstleistungen sorgen.

Da die Sozialverbände in ihrer jahrzehntelangen engen Zusammenarbeit mit den kommunalen und staatlichen Behörden sich vielfach an deren hierarchisch-bürokratische Strukturen und Prozesse angeglichen hatten, erreichten die Forderungen nach Modernisierung, Entbürokratisierung, stärkerer „Kunden"orientierung, nach besseren Handlungskonzepten und flexibleren Strukturen auch deren Einrichtungen sehr bald.

Alle Defizite, die Verwaltungswissenschaftler seit Jahren den staatlichen und kommunalen Verwaltungen vorgehalten haben (Risikovermeidung, Veränderungsresistenz, Innovationsschwäche, Beschwichtigungsstrategien, Sachzwangsargumente, Desinformation)[6], bündelte *Wolfgang Seibel* sehr kompakt und detailliert in seiner Habilitationsschrift über den „Funktionalen Dilettantismus" der erfolgreich scheiternden Organisationen im „Dritten Sektor" (1991).[7] Damit war die Katze

---

5   Frey 1994.

6   Carl 1987.

7   Seibel 1991.

aus dem Sack und die Diskussion um die Notwendigkeit, den Sinn und Zweck des
Sozialmanagements, seine Ziele, Aufgaben, Konzepte und Methoden auf breiter
Front eröffnet.

25 Jahre später fällt mit Blick auf die Verwaltungsreformen in Bund, Ländern und
Kommunen die Bilanz der „neuen Steuerung" ambivalent aus. Während Staat und
die Kommunen überwiegend der Meinung sind, dass sie ihre Verwaltungsbehörden
durch Bürokratieabbau in zielorientierte, wirksame und wirtschaftlich handelnde
Dienstleistungsorganisationen umgewandelt haben[8], sehen viele Kritiker in Wissenschaft und Praxis dies in einer Tonlage zwischen verhaltener Resignation und
offener Enttäuschung völlig anders. Sie kritisieren die noch immer andauernden
hierarchischen Entscheidungs-, Anweisungs- und Kontrollstrukturen in den Ämtern,
fehlende Klarheit in den Zielen und Transparenz in den Entscheidungsprozessen
und Arbeitsabläufen, in den Beurteilungs- und Entlohnungssystemen etc.[9]

Die Arbeit am „Masterplan" Sozialmanagement (1998–2003)

Der Auftrag, ein Grundkonzept für ein Masterstudium Sozialmanagement/Öf-
fentliches Dienstleistungsmanagement in den damals „neuen" Bundesländern zu
erarbeiten, wurde von dem neugeschaffenen Fernstudienverbund der Länder Berlin,
Brandenburg, Mecklenburg-Vorpommern, Sachsen, Sachsen-Anhalt, und Thüringen
einem Fachausschuss von Sozial-, Wirtschafts- und Verwaltungswissenschaftlern
übertragen (Leitung A. Wöhrle/TH Mittweida und L. Ungvari/TH Wildau). Dieser
erstellte den „Masterplan" für ein fünfsemestriges berufsbegleitendes Fernstudium auf der Basis von 8 Modulen samt den dazugehörigen Studienmaterialien
(72 Studienbriefe) für das Selbststudium der Studierenden, die in aktualisierter
Überarbeitung bis heute zur Vorbereitung auf die Präsenzseminare genutzt werden.

Modul 1: Sozialpolitische/volkswirtschaftliche Grundlagen im nationalen und
EU-Kontext

Modul 2: Betriebswirtschaft und Finanzierung sozialer Organisationen, Sozi-
alökonomie

---

8   Kommunale Gemeinschaftsstelle für Verwaltungsvereinfachung (KGST) 1993.
9   Jann 1996, S. 14ff.; Streeck 2013.

Modul 3: Organisations- und Unternehmensrecht, Arbeitsrecht, Leistungserbringungsrecht, ausgewählte Aspekte des EU-Rechts

Modul 4: Management des Organisationswandels, Organisationsanalyse und -entwicklung, Change Management, Steuerung von Veränderungsprozessen

Modul 5: Angewandte Sozialforschung/Praxisforschung

Modul 6: Personalmanagement, Personalführung/-entwicklung, Personalwirtschaft

Modul 7: Ressourcen- und Qualitätsmanagement, Controlling, Wissensmanagement/Sozialinformatik

Modul 8: Strategieplanung, Marketing, Unternehmensgründung

In den unter der Leitung von Armin Wöhrle engagiert und lösungsorientiert geführten Diskussionen dominierte nach meiner Erinnerung nicht (wie so häufig) das Streben nach Durchsetzung der eigenen fachwissenschaftlichen Auffassungen, sondern die Suche nach gemeinsamen Schnittmengen und Wechselbeziehungen, nach Synergieeffekten und wechselseitigen Lernprozessen zwischen den beteiligten Disziplinen (Verwaltungs-, Wirtschafts- und Sozialwissenschaften). Niemand hatte ein Interesse daran, sich die kontroversen Lehrmeinungen und dogmatischen Streitpunkte zwischen Wirtschafts- und Sozialpolitik, die „harten" ökonomischen Faktoren gegen die „weichen, schwammigen" Ziele der Sozialarbeit zum wiederholten Male vorzuhalten. Was die damaligen Diskussionen interessant und produktiv gestaltete, war die Bereitschaft aller Teilnehmer/innen, auf Belehrung zu verzichten und von den anderen Disziplinen zu lernen. Die sozialwissenschaftliche Fraktion wollte prüfen,

- welche ökonomisch-betriebswirtschaftlichen Kenntnisse und Kompetenzen in die Ausbildung und Praxis der Sozialarbeit integriert werden müssen, um den gestiegenen Anforderungen an soziale Dienstleistungen zu genügen;
- welche praktischen Methoden und Erfahrungen des Profit-Sektors sich für die professionelle Arbeit in sozialen Diensten und Einrichtungen nutzen ließen;
- wie die für jede soziale Arbeit und Einrichtung unverzichtbaren ethisch-caritativen Grundlagen und sozialkritische Wertorientierung mit den notwendigen ökonomisch-betriebswirtschaftlichen Kompetenzen, Entscheidungskriterien und Handlungsweisen ergänzt und kompatibel gemacht werden können/müssen.

Die Kollegen/Kolleginnen aus den Wirtschaftswissenschaften, der Verwaltung und
den Wohlfahrtsverbänden suchten nach Lösungen, um

- für die anstehenden Reformen ihrer Verwaltungs- und Kontrollsysteme (Hierarchieabbau, Deregulierung, Dezentralisierung) die geeigneten Methoden zu entwickeln;
- der verbreiteten Demotivation und fehlenden Qualifikation vieler Mitarbeiter/innen mit geeigneten Konzepten der Personalentwicklung/Personalführung entgegenwirken zu können;
- eine Organisationskultur zu entwickeln und implementieren, in der die ökonomisch „harten" Faktoren mit den „weichen" humanistischen Werten zum Ausgleich gelangen, indem den Mitarbeiter/innen mehr Rechte, Verantwortung und Autonomie in der „lernenden Organisation" eingeräumt werden.[10]

Armin Wöhrle hat als einer der beiden Vorsitzenden des Fachausschusses das
Grundverständnis und die Zielsetzungen des geplanten Masterstudiengangs seinerzeit wie folgt formuliert:

„Die postgradualen Fernstudiengänge Sozialmanagement und Öffentliches Dienstleistungsmanagement reagieren nicht nur auf den hohen Bedarf der Praxis an
qualifizierten SozialmanagerInnen und VerwaltungsmanagerInnen, sie haben auch
eine ausdrücklich innovative Intention. Alle Fachausschussmitglieder waren sich von
Anfang an darin einig, dass der Umbau bestehender Strukturen die Richtschnur für
die Konzipierung dieser Aufbaustudiengänge sein muss. Den FachvertreterInnen war
klar, dass dabei ein Wissenszuwachs zwar unabdingbar ist, jedoch allein nicht ausreicht. Management ist der handlungsbezogene, anwendungsorientierte Teil mehrerer
Wissenschaftsdisziplinen. Damit der Wissenszuwachs handlungsrelevant wird, muss
er gekoppelt sein, mit der Reflexion der bisherigen Praxis in den Organisationen ...
Bisher gültige Betriebsphilosophien, Denkansätze und Verständnisse von Leitung
und Führung müssen überprüft und mit neuen Denkansätzen in Verbindung gebracht
werden....". (Februar 2000)[11]

Zu Beginn der Arbeit wurden die Diskussionen im Fachausschuss vorwiegend von
den aus der mangelnden Fehlereinsicht und Risikobereitschaft, geringen Lernfähigkeit und Problemlösungsfähigkeit resultierenden Modernisierungsdefiziten der
staatlichen/kommunalen Verwaltung und der sozialen Organisationen/Einrichtungen bestimmt. Unternehmen, Verwaltungen und soziale Dienste – so die herrschende
Meinung in der Wissenschaft wie auch im Fachausschuss – sind unwillig/unfähig

---

10   Schwarz 1995, S. 61-64.
11   Wöhrle 2000.

zu Veränderungen, drücken sich vor Risiken, reagieren tendenziell immer zu spät, beschwichtigen, wiegeln ab, schützen Sachzwänge vor, betreiben Desinformation und folgen den Parolen des „weiter so!"[12] Es fehlt an einer Unternehmenskultur, in der Probleme als Herausforderung für intelligente Lösungen gesehen, Fehler als Lernchancen definiert und nicht durch Schuldzuweisungen sanktioniert werden, Konflikte als „Motor des Wandels" begriffen und die Partizipation und Motivation der Mitarbeiter/innen gefördert werden.[13]

Aufgabe des Managements war es nach damaliger Überzeugung im Fachausschuss, die wachsenden Herausforderungen der modernen Industriegesellschaft im Zeichen der Globalisierung nicht mit den gewohnten Routinen zu blockieren und zu vertagen, sondern auf sie mit Lernfähigkeit, Problemlösungskompetenz und Innovationsbereitschaft zu reagieren – Modernisierung und Innovation ganz im Sinne des damaligen Zeitgeistes. Das neue Verständnis von Management sollte nicht länger auf betriebswirtschaftliches Denken und Handeln reduziert bleiben (wie in den Lehrbüchern überwiegend noch anzutreffen), sondern zu einer umfassenden integrierten Unternehmenskommunikation aller Führungskräfte zur Planung der Unternehmensziele und Steuerung der notwendigen Maßnahmen weiterentwickelt werden.

Als Schwerpunkte der Managementaufgaben für den Sozialbereich wurden definiert:

• Strategisches Management zur Zukunftsplanung und Existenzsicherung der Organisation;
• die Durchführung der dazu nötigen organisatorischen Veränderungsprozesse;
• Abbau der hierarchischen Strukturen und Beteiligung der Mitarbeiter/innen an Entscheidungen;
• Integration und Motivation der Mitarbeiter/innen durch Schaffung eines intakten psychosozialen Arbeitsumfeldes;
• Entwicklung selbständiger Organisationseinheiten, flexibler Arbeitsformen und Arbeitszeitmodelle;
• Leistungsförderung durch Synergieeffekte und ein positives Betriebsklima;
• Konstruktives Konflikt- und Krisenmanagement;
• Führung durch Kommunikation und Förderung von Lernprozessen;
• Personalentwicklung, Karriereberatung und Aufstiegschancen für Frauen.[14]

---

12 Schwarz a. a. O., S. 19.
13 Frey 1994, S. 24.
14 Schwarz a. a. O., S. 32.

Ein im Kern auf Modernisierung der politischen Rahmenbedingungen des Sozialbe-
reichs und der ökonomisch-finanziellen Kosten seiner Dienstleistungen abzielendes
Programm – geprägt einerseits von einem traditionellen verwaltungstechnischen
Pragmatismus, der unter Hinzufügung einiger betriebswirtschaftlicher Steuer-
elemente (Wirtschaftlichkeit, Wettbewerb, Kostendenken) an dem Grundmodell
deutscher Verwaltungstradition festhalten will und von Elementen des „New-Public
Management" andererseits, dessen Vertreter den Modernisierungsrückstand der
Bundesrepublik durch eine stärkere Orientierung an dem Referenzmodell „Der
Staat als Unternehmen" vornehmen wollten, gleichzeitig aber auch für mehr de-
mokratische Kontrolle durch die Zivilgesellschaft und für mehr Selbstverwaltung
der Bürger in den Kommunen, Staat und Gesellschaft eintreten.[15] Im Rückblick
auf die seinerzeit zu diesen Punkten im Fachausschuss geführten Diskussionen
muss man aus heutiger Sicht wohl sagen, dass sie interessant und anregend, in den
Zielsetzungen aber zu optimistisch und mit Blick auf die globalen Entwicklungen
zu kurzsichtig verliefen.

Über Thatcherismus und Reagonomics zum Washington-Consensus – Verheißungen und Folgen von 30 Jahren neoliberaler Wirtschaftstheorie und -politik

Auf die theoretische Ausformung und praktische Umsetzung der zahlreichen
Managementkonzepte im Sozialbereich in dieser Anfangsphase übten die (schon
zitierten) positiven Verheißungen der marktliberalen Wirtschaftstheorie und
Wirtschaftspolitik einen großen Einfluss aus. Die Kritik an den verkrusteten
bürokratischen Strukturen in Politik, Verwaltung, Wirtschaft und auch in der
Wissenschaft war verbreitet und die Forderungen nach Hierarchieabbau, Flexibi-
lisierung, Dezentralisierung, Innovation etc. klangen vielversprechend – nicht nur
im konservativ-liberalen Spektrum der BRD, sondern auch für Organisationen und
Personen eher „linker" Provenienz und Orientierung. Aus heutiger Perspektive ist
die unkritische Akzeptanz der marktliberalen Verheißungen durch die etablierten
Parteien (einzige Ausnahme war die Partei „Die Linke"), die tonangebenden Öko-
nomen und Wirtschaftspublizisten, aber auch durch medienerfahrene und öffent-
lichkeitswirksame Sozialwissenschaftler erstaunlich – nicht nur in Deutschland[16].

15 Wollmann 1996, S. 1-49.
16 Colin Crouch 2011.

Den Anfang machte die britische Premierministerin Margret Thatcher („So etwas wie die Gesellschaft gibt es nicht!"). Mit ihren drastischen Maßnahmen zur Reduzierung der Staatsausgaben und Privatisierung der staatlichen Unternehmen, Kürzungen der Sozialleistungen etc. gab sie das Tempo, Takt und Tonlage bei der Ablösung der keynesianischen Wirtschafts- und Finanzpolitik vor.

Zusammen mit Ronald Reagan (1980 – 1988) ebnete sie den Weg für eine neue Wirtschafts- und Finanzelite, die eine global agierende Finanzindustrie zum Vorbild und Zentrum der modernen Dienstleistungsgesellschaft machte. Als Ende der 80er-Jahre durch den Mauerfall der „Kalte Krieg" beendet war, wurde dies als ein Sieg des westlichen Wirtschafts- und Gesellschaftsmodell über den Sozialismus bejubelt. Marktwirtschaft und Demokratie würden sich fortan auch in den anderen Ländern durchsetzen und das „Ende der Geschichte" mit ihren wiederkehrenden kriegerischen Auseinandersetzungen einleiten[17].

Von der Öffentlichkeit weitgehend unbemerkt wurden im sog. „Washington Consensus" (1989) auf Betreiben der US-Regierung, wichtiger internationaler Finanzorganisationen[18] und Banken[19] die Leitlinien und Grundelemente der neuen Wirtschaftspolitik formuliert und den westlichen Industriestaaten zur Stärkung ihres ökonomischen Wachstums nachdrücklich empfohlen:[20]

- Kürzung der Staatsausgaben durch strikte Kriterien der Fiskal-, Kredit- und Geldpolitik und Schuldenbegrenzung
- Verbesserung der Effizienz der Ressourcennutzung, Rationalisierung und Kostenökonomie in der gesamten Volkswirtschaft
- Steuerreform durch Erweiterung der Steuerbasis und Wegfall der Ministeuern
- Deregulierung von Märkten und Preisen
- Liberalisierung der Handelspolitik, Abbau von Handelsbeschränkungen und Handelskontrollen, verbesserte Exportanreize
- Privatisierung öffentlicher Unternehmen und Einrichtungen
- Reduzierung staatlicher Einflussnahme in Wirtschaft und Gesellschaft
- Entbürokratisierung, Deregulierung und Dezentralisierung staatlicher Strukturen und Prozesse zugunsten der Unternehmen und des wirtschaftlichen Wachstums
- Stärkung der Investitionen im Ausland durch Abbau von Handelsbarrieren

---

17 Fukuyama 1992.

18 Weltbank, Internationaler Währungsfond, Institute of International Finance, Institute of International Monetary Affairs, Emerging Market Traders Association [EMTA]).

19 Citibank, JP Morgan, Goldman-Sachs, Merrill Lynch, Morgan-Stanley, HSBC, UBS, Deutsche Bank etc.

20 Kellermann 2006.

- Haushaltskürzungen in den unproduktiven Sektoren zugunsten der Bereiche mit hohem „Return on Investment" (ROI).

Überraschend schnell und erfolgreich haben die Leitsätze des „Washington-Consensus" mit ihren späteren Ergänzungen in vielen Industrieländern Karriere gemacht und sind zur „Magna Charta" der neoliberalen oder neoklassischen Wirtschaftspolitik in der globalisierten Welt avanciert. In Deutschland bereiteten sie der Agenda 2010 durch die rot-grüne Bundesregierung den Weg (2005) und wurden mit den Beschlüssen zur „Lissabon-Strategie" (2000/2009) schließlich zur Grundlage der europäischen Wirtschaftspolitik erklärt.

Seit diesem einschneidenden Paradigmenwechsel in der Weltwirtschaftspolitik stehen nicht mehr die klassischen Aufgaben des Sozialstaats im Fokus der nationalen Sozialpolitik, sondern die Regierungen haben sich darauf geeinigt, durch ein „Modernisierungsprogramm" mit den Elementen Privatisierung, Deregulierung, Wirtschaftswachstum, Wettbewerbs- und Konkurrenzfähigkeit den klassischen „Wohlfahrtsstaat zu einem Wettbewerbsstaat" umzugestalten.[21]

Im gerade wiedervereinigten Deutschland, in dem viele westdeutsche Unternehmen sehr rasch auf Expansionskurs in den „neuen" Bundesländern umschalteten und mit Unterstützung der staatlichen „Treuhandgesellschaft" sich in einen wirtschaftlichen „Höhenrausch" hineinsteigerten, trugen vor allem die konservativen Führungseliten aus Wirtschaft, Politik und Medien zur raschen Verbreitung und wachsendem Einfluss der neoliberalen Wirtschaftspolitik bei:

- Auf den Ökonomielehrstühlen der Universitäten (in Deutschland nicht anders als in den USA) findet man bis heute fast ausschließlich Vertreter der neoliberalen neoklassischen Wirtschaftstheorie (Milton Friedmann, Alan Greenspan, Ben Bernanke, Larry Summers in den USA; Hans Werner Sinn, Joachim Starbatty, Bernd Rürup, Michael Hüther, Wolfgang Franz in Deutschland).
- Viele von ihnen besetzen in Personalunion die Leitungspositionen der wichtigen Wirtschaftsforschungsinstitute in Kiel, Hamburg, Berlin, Essen, Halle und München,
- erstellen als Mitglieder im Sachverständigenrat die Gutachten zur wirtschaftlichen Entwicklung für die Regierung (Herbert Giersch, Olav Sievert, Axel Weber, Gerhard Fels, Wolfgang Franz),
- sind Vorstandsmitglieder deutscher und europäischer Banken (Karl Blessing, Norbert Walter, Otmar Emminger, Hans Tietmeyer, Axel Weber),[22]

---

21 Dahmebert 2012, S. 18.
22 Streit 1988, S. 11-12.

- besetzen die Führungspositionen in den internationalen Finanzorganisationen: Paul Wolfowitz, Robert Zoellick (Weltbank); Horst Köhler, Dominique Strauss-Kahn, Christine Lagarde (IWF); EU-Kommission, EU-Rat und EU-Wirtschafts- und Sozialausschuss).

Selbst die Finanzkrise (2008) mit ihren bis heute nachwirkenden Folgen hat diese Dominanz des neoliberalen Denkens in den Köpfen der Experten nicht brechen können, – so wenig wie die in immer kürzeren Abständen aufflackernden aktuellen Krisen der letzten Jahre:

- Eurokrise (Staatsschuldenkrise, Bankenkrise, Wirtschaftskrise – seit 2010)
- Griechenlandkrise (seit 2012)
- Flüchtlingskrise (2015)
- Demokratiekrise (USA, Frankreich, Italien, Russland, Türkei, Österreich, Ungarn, Polen, Deutschland)
- Krise der EU (Brexit 2016).

Noch lassen die Untersuchungen auf sich warten, die eine nüchterne Bilanz der nunmehr fast 40-jährigen marktorientierten Wirtschafts- und Sozialpolitik in den USA und in der EU ziehen und ihren Anteil an dem aktuellen Krisenkarussell analysieren.

Diesen Vorlauf und Hintergrund der aktuellen politischen und ökonomischen Entwicklungen, vor allem die Ablösung der in der Nachkriegszeit (1945 – 1975) praktizierten keynesianischen Wirtschaftstheorie und -politik durch die neoliberale/neoklassische Wirtschaftslehre (quantitative Geldmengenpolitik [„money matters"], angebotsorientierte Wirtschaftspolitik, Ablehnung staatlicher Eingriffe und antizyklischer Maßnahmen, Shareholder-Value und „Verschlankung" der sozialen Sicherungssysteme) muss berücksichtigen, wer sich an eine Zwischenbilanz der Erfolge des Sozialmanagements, seiner Stärken, Schwächen und Defizite wagt. Die folgenden Überlegungen sind dem Bilanzband der INAS zum 25-jährigen Jubiläum des Sozialmanagements in den deutschsprachigen Ländern (Schweiz, Österreich, Deutschland) entnommen und sollen in sechs Punkten vorgestellt und knapp kommentiert werden.[23]

---

23 Wöhrle, Fritze, Prinz, Schwarz 2016, S. 22.

Welchen Beitrag leistet das Sozialmanagement zur sozialen Reformpolitik im Sozialstaat?

Sozialarbeit und Sozialmanagement lassen sich mit dem Bild der kommunizierenden Röhren vergleichen und dienen zum einen der Modernisierung der Strukturen und Prozesse in den Sozialsystemen zum anderen der problemangemessenen Innovation des Sozialstaats in Zeiten der Wirtschafts- Finanz- und politischen Legitimationskrise. Das komplexe und differenzierte Handlungsfeld moderner Sozialarbeit braucht politische Steuerung durch ein ebenso differenziertes, der Eigenlogik sozialer Arbeit angemessenes Verständnis von Sozialmanagement und muss sich von dem verbreiteten technokratisch entscheidenden und agierenden „Managerialismus" ebenso emanzipieren, wie von einem nur an Balanced-Score-Card (BSC) und „Return on Investment" (ROI)-Denken orientiertem Zahlenwerk. Wie allerdings die beiden – vielfach noch getrennten – Röhren durch Kommunikation, Vernetzung und wechselseitigen Austausch verbunden werden können, ist derzeit noch unklar und umstritten. Ja, es besteht möglicherweise die Gefahr, dass an die Stelle des dringend notwendigen Dialogs zwischen den getrennten Zwillingen (Sozialarbeit – Sozialmanagement) wieder ein getrenntes Monologisieren der beiden Seiten tritt.

Anhaltspunkte für derartige getrennte Monologe und stagnierende Dialoge sind folgende Themen, die noch nicht hinreichend diskutiert werden und unzureichend geklärt sind:

Erster Anhaltspunkt: Zur Indifferenz des Sozialmanagements an einer sozialen Reformpolitik im Sozialstaat

Durch seine enge Verknüpfung mit der professionellen Sozialarbeit ist das Sozialmanagement auf den strukturell-funktionalen Zusammenhang und die politischen Austauschbeziehungen zwischen Sozialstaat – Rechtsstaat und Demokratie fokussiert. Der moderne Sozialstaat ist der Wegbereiter und Stabilisator der Demokratie in Deutschland und als solcher eine „Kulturleistung" (Helmut Schmidt) erster Ordnung. An ihm ist festzuhalten – wer den Sozialstaat den Märkten ausliefert, zerstört ihn. Wer also über Sozialmanagement reden will, kann über den Sozialstaat nicht schweigen!

Eine Antwort auf die Frage, warum sich die Protagonisten des Sozialmanagements in die Diskussionen um Reform und Stabilisierung des Sozialstaats noch kaum eingemischt haben, steht noch aus, – soweit ich sehe. Dabei geht es in dieser wichtigen Debatte (um Bestand oder Gefährdung der Demokratie) doch um die zentrale Frage, wann, ob überhaupt und wieweit die zentralen Normen, Werte und ethischen Grundsätze des Sozialstaats den ökonomischen Kriterien der Marktwirtschaft (wirtschaftlich, effizient, kostengünstig) unterzuordnen seien – wären also durchaus als Aufgabe des „normativen Managements" zu definieren. Und dies wiederum würde bedeuten, dass auch in den Köpfen der tonangebenden Wirtschaftswissenschaftler die Erkenntnis sich durchsetzt, dass eine moderne Gesellschaft im 21. Jahrhundert mit ihren vielfältigen Problemen des demografischen Wandels, der globalen Wettbewerbsfähigkeit, interkulturellen Öffnung, sozialer Gerechtigkeit, wachsender Bildungsdefizite, Folgen der Digitalisierung etc. nicht nur oder vorrangig mit den ökonomischen Kriterien aus der neoliberalen/ neoklassischen Schule geführt werden können.

Die in den Anfangsjahren der Masterstudiengänge durchaus noch angestrebte Verknüpfung und Diskussion des Zusammenhangs von Sozialstaat – Sozialpolitik – Sozialmanagement[24] ist nach meiner Wahrnehmung rückläufig zugunsten einer Verstärkung der betriebswirtschaftlichen und personalbezogenen Module – eine Entwicklung, die auf verbreitete Akzeptanz stößt. Der Tendenz zu einem „manageriellen" Verständnis von Sozialmanagement wird dadurch Vorschub geleistet, weil mit der Ausblendung politischer Inhalte und Bezüge auch das Durchdenken von Alternativlösungen schwindet, die Komplexität gesellschaftlicher Prozesse reduziert wird und einer simplifizierenden „Machbarkeitsphilosophie" den Weg ebnet.

Zweiter Anhaltspunkt: Die unbefriedigende Bilanz der marktliberalen Wirtschaftspolitik seit 1980

Die Anzeichen mehren sich, dass die fast 40 Jahre während hegemoniale Vorherrschaft der neoliberalen Wirtschaftstheorie sich ihrem Ende nähert – ihre Bilanz ist aufs Ganze gesehen doch allzu unbefriedigend:

- Die durchschnittliche Wachstumsrate des BIP in dem Zeitraum 1950 – 1970 betrug 8,2 %. Seit 1980 verlangsamte sich das Wachstumstempo auf 3,6 %, pro Kopf der Bevölkerung, ein immer noch akzeptabler Wert. Die wirtschaftliche Wachstumsrate war demnach in der Phase der keynesianischen Wirtschaftspolitik (1950 – 1970) mehr als doppelt so hoch wie in der vom Neoliberalismus bestimmten Phase seit 1980.[25]
- Die soziale Ungleichheit zwischen den Globalisierungsgewinnern (Banken, Finanzunternehmen, Industrie- und Handelskonzerne, Kommunikations-/

---

24 Schwarz und Beck 2010.

25 www.bpb.de/politik/grundfragen/deutsche…eine…/wirtschaftliche-entwicklung? Zugriff: 15.09.2016.

Informationsindustrie, Pharma- und Agrarindustrie etc.) und den Globalisierungsverlierern nimmt auf beiden Seiten des Atlantiks dramatisch zu.

- Von den Folgen dieser wachsenden Entsolidarisierung in der Gesellschaft („The winner takes it all!") profitieren populistische Gruppierungen des rechten und linken Spektrums zu Lasten der demokratischen Parteien überall in Europa.

- Politische Resignation einerseits und die Radikalisierung nationalistischer, antidemokratischer Gruppen im rechten Spektrum machen autoritäre Systeme und ihre derzeitigen Machthaber populär (Putin/Russland, Orban/Ungarn, Erdogan/Türkei, Hofer/FPÖ, PIS/Polen, AfD/Deutschland).

Über diese Entwicklungen machen sich die Akteure und Protagonisten in den Sozialmanagement-Diskursen noch vergleichsweise wenig Gedanken. In der Tat fällt auf, wie zurückhaltend die alten Gefährdungen und neuen Herausforderungen des Sozialstaats kritisch analysiert und kommentiert werden. Die demokratisch-egalitäre Funktion des Sozialstaats wird zunehmend ignoriert. Welchen wesentlichen Beitrag zur Integration und zum sozialen Frieden einer sozial, kulturell und ökonomisch differenzierten Gesellschaft er leistet, wird kaum mehr thematisiert und wäre doch, angesichts des Orientierungs- und Werteverlusts eine wichtige Aufgabe.

Dritter Anhaltspunkt: Keine Verknüpfung der kapitalistischen Marktökonomie mit einem Konzept sozialer Reformpolitik

Zu den anhaltenden Meinungsunterschieden zwischen den Wirtschaftswissenschaftlern und Sozialexperten zählt auch der noch immer ungeklärte Dissens bei der Implementierung betriebswirtschaftlicher Logiken, Konzepte, Strategien und Instrumente in den Sozialbereich. Wie können, müssen und sollen ökonomische Standards und Methoden der Leistungs-, Erfolgs- und Nachhaltigkeitsmessung in die professionelle Sozialarbeit implementiert und deren positive Wirkung nachgewiesen werden?

Zwar sind einige wechselseitige Vorurteile, zumindest bei einigen Vordenkenden auf beiden Seiten, abgebaut worden, ohne dass eine interdisziplinäre Zusammenarbeit mit Blick auf eine konstruktive Politikberatung sich schon abzeichnet. Als Folge dieser Versäumnisse sind grundsätzliche Fragen nach den gesellschaftlichen Auswirkungen der Übernahme neoliberaler Konzepte in den Sozialbereich (Zunahme der geringfügigen Beschäftigung und Teilzeitarbeit, Scheinselbständigkeit, Armuts- und Reichtumsentwicklung) noch immer unbeantwortet, werden die Lehren aus der Bankenkrise von 2008 nur halbherzig gezogen und die Gefahren einer Wiederholung des Finanzcrashs weiterhin bagatellisiert.

Was Politik und Wirtschaft in den letzten 30 Jahren nicht geschafft haben, ist auch den Wirtschafts- und Sozialwissenschaften nicht gelungen, nämlich die gemeinsame Arbeit an einem theoretischen Modell zur Verknüpfung der kapitalistischen Marktökonomie mit dem strategischen Konzept einer sozialen Reformpolitik im nachfordistischem Kapitalismus.

Als praktisches Beispiel für eine gemeinsame zukunftsorientierte Strategiediskussion bietet sich z. B. die Erweiterung und Komplettierung des bisherigen „magischen Vierecks" der Wirtschaftspolitik an. Zu den klassischen Zielsetzungen, wie sie in den ökonomischen Standardwerken vermittelt werden (Wirtschaftswachstum, Beschäftigung, Geld-/Preisstabilität und das außenwirtschaftliche Gleichgewicht), müssten nach Auffassung zahlreicher Experten und Expertinnen als zusätzliche Kriterien die Einkommensgerechtigkeit und das Streben nach ökologischer Nachhaltigkeit als Ziele einer modernen Wirtschafts- und Sozialpolitik hinzukommen. Die hierfür geeigneten Konzepte und theoretischen Modelle zu erarbeiten, wäre ein erstrebenswertes Ziel für die Wirtschafts- und Sozialwissenschaften und nur über gemeinsame Diskurse zu verwirklichen.

Vierter Anhaltspunkt: Sozialmanagement als „Erfüllungsgehilfe" ohne eigene Position

Dem Sozialmanagement fällt als Vermittler, Makler, Mediator etc. die Aufgabenstellung zu, den Umbau der sozialen Sicherungssysteme, den die Politik in Gang gesetzt hat, zu planen und zu steuern. Das Sozialmanagement hat diesen Auftrag angenommen (Change Management, Qualitätsmanagements, Organisationstransformation und Personalentwicklung) und durch seinen Wissensinput die Professionalität, das Kompetenzprofil und die Nachhaltigkeit sozialer Arbeit deutlich verbessert.

Eher kritisch sehen manche Beobachter das Reflexionsvermögen in der Sozialmanagementpraxis. Zwar werden die gestellten Aufgaben abgearbeitet, jedoch ist noch kein theoretisch fundiertes und professionell unabhängiges Selbstverständnis des Sozialmanagements entstanden, werden Vorgaben aus Ökonomie, Politik und Verwaltung erfüllt, die fachliche Eigenständigkeit und die berufsspezifischen eigenen Positionen zu wenig deutlich. Silvia Staub-Bernasconi registriert eine „stille Anpassung des Mandats/ Arbeitsauftrags Sozialer Arbeit an das neue Steuerungsmodell", damit die „Reduktion des Mandates auf den staatlichen Kontrollauftrag" und die „Enteignung der Sozialarbeiterin von ihrem professionellen Hilfe-Mandat zugunsten einer Finanzierungsvorgabe".[26] Diese kritische Warnung aus berufenem

---

26 Silvia Staub-Bernasconi 2016, in: Wöhrle, Fritze, Prinz, Schwarz 2016, S. 20ff.

Munde sollte aufrütteln und zu einer ernsthaften Prüfung der Frage führen, welche
Steuerungsmechanismen dem Sozialmanagement angemessen sind.

Fünfter Anhaltspunkt: Das Ziel ist ein soziales Wirtschaften und Managen

Die Kontroverse zwischen einer an Produktivität, Wettbewerb und Gewinnma-
ximierung orientierten Wachstumspolitik (der Vergangenheit und Gegenwart)
einerseits und einer neuen, den Prinzipien ökologischer Nachhaltigkeit, ressour-
censchonender Produktion und Konsumption verpflichteten Wirtschaftspolitik
andererseits hat sich in den zurückliegenden Jahren dramatisch zugespitzt, ist aber
noch immer nicht entschieden, geschweige denn gelöst.

    Dabei hätte eine Sozialwirtschaft zu dem notwendigen Paradigmenwechsel
von der nach Wachstum und Wettbewerb strebenden Wirtschaft hin zu einer an
sozialer Gerechtigkeit und ökologischer Nachhaltigkeit orientierten Wirtschaft
vieles beizutragen[27]. Voraussetzung für den aus vielfach belegten Gründen (die hier
nicht erneut aufgezählt werden müssen) notwendigen Wandel wäre ein Transfor-
mationsprozess, der in folgenden Schritten vollzogen werden könnte:

1. Die von der Brundlandt-Kommission der UN 1987 (also vor 30 Jahren) in ihrem Bericht „Our Common Future" in dem „Drei-Säulen-Modell" definierten
   Ziele einer:
   - ökologischen Nachhaltigkeit – Beendigung des Raubbaus an natürlichen
     Ressourcen, effektive Nutzung erneuerbarer Energien, Klimaschutz, Schutz
     der Biosphäre;
   - ökonomischen Nachhaltigkeit – Überwindung der ökonomischen Ungleich-
     heiten, von Armut und sozialer Benachteiligung
   - und *sozialen* Nachhaltigkeit – Bildung, Krankheit, kulturelle und politische
     Teilhabe, Generationengerechtigkeit
   - müssen endlich in Angriff genommen und umgesetzt werden. Dazu braucht es
     Akteure in Wissenschaft, Politik und Wirtschaft für die Erzeugung, Einfüh-
     rung und Anwendung von Nachhaltigkeitswissen und Nachhaltigkeitspolitik
     in der Gesellschaft. Wissenschaft und Technologie bieten schon heute gute
     Voraussetzungen für eine Umsteuerung der Wachstumsideologie hin zur
     Nachhaltigkeitsorientierung.
2. Zu dem Gelingen einer solchen Neuorientierung kann der Sozialbereich mit
   seinen materiellen und immateriellen Ressourcen (Personal, Kompetenzen,

27　Wendt 2013.

Einrichtungen, Tradition, Normen, Werte, Erfahrung etc.) beitragen, wenn seine Führungseliten die geeigneten Strategien entwickeln und Ressourcen mobilisieren. Die Ansätze für das notwendige gesellschaftliche Umdenken sind in dem Berufsbild und Kompetenzprofil Sozialer Arbeit vorhanden, wie die folgenden Stichworte zeigen:

• Sorgfältiger Umgang mit der Biosphäre;
• Solidarischer Umgang mit den Menschen;
• Stärkung der Solidaritätsressourcen in der Familie, Nachbarschaft, Kommune, Gesellschaft und zwischen den Staaten;
• Förderung der Partizipation als Voraussetzung für politische, soziale und kulturelle Teilhabe der Menschen und Stärkung ihrer Bereitschaft, Verantwortung zu übernehmen;
• Bändigung der individuellen und kollektiven Egoismen durch eine neue Kultur der Solidarität, der Empathie und der Hilfepotentiale (Spendenbereitschaft, Flüchtlingshilfe, ehrenamtliches Engagement), des Teilens und der sozialen Gerechtigkeit[28].

Den Menschen in den sozialen Berufen sind alle diese Haltungen, Einstellungen Motivationen geläufig und vertraut. Sie sind von einer altruistischen Grundhaltung motiviert und häufig aktive Unterstützer einer sozialen und umweltbewussten Politik. Andererseits sind sie in ihrer täglichen Arbeit häufig sehr stark auf die unmittelbare Handlungsebene fokussiert und zeigen wenig Interesse an politischer Beteiligung oder an Steuerungsaufgaben von strategischer Relevanz.

Sechster Anhaltspunkt: Notwendige Positionierung des Sozialmanagements

Nun wird weder durch die Soziale Arbeit noch durch das Sozialmanagement die Kritik an der wachstumsorientierten, marktradikalen Wirtschaftspolitik auf eine gesellschaftlich relevante Diskussionsebene gehoben werden können. Allerdings ist die öffentliche Debatte seit der Finanzkrise, durch die betrügerischen Manipulationen von VW, Bosch und zahlreiche einschlägige Skandale bereits sensibilisiert.

Es scheint an der Zeit, dass der alte Positivismus- und Werturteilsstreit von 1961 (Adorno, Dahrendorf, Albert, Habermas, Popper) wieder aufgegriffen wird[29] und

---

28 Zu diesem Aspekt hat mir Hans Dietrich Engelhardt in vielen Gesprächen wichtige Hinweise gegeben.

29 Als Positivismusstreit wird die Auseinandersetzung zwischen Vertretern des kritischen Rationalismus (Popper und Albert) und der kritischen Theorie der Frankfurter Schule

diesmal nicht auf den Erkenntnisgewinn in den Sozialwissenschaften verengt wird, sondern den Gesamtzusammenhang des nationalen und globalen Wirtschaftens thematisiert und reflektiert. Dabei sind folgende Entwicklungen zu berücksichtigen und in die Überlegungen für die Neuorientierung und Neupositionierung des Sozialmanagements einzubeziehen:

- Für das Sozialmanagement als Neuankömmling auf der beruflichen Bühne waren die vergangenen Jahre (seit 1980) eine beharrliche „Suche nach Eigenständigkeit"[30], die noch längst nicht abgeschlossen ist. Die Besorgnis vieler Experten/innen gilt der noch offenen Frage, ob das Sozialmanagement der Erwartung gerecht werden kann, nämlich einen Beitrag zur Lösung aktueller sozialer Konflikte zu leisten, oder doch nur die Durchsetzung neoliberalen Denkens in der Sozialpolitik forciert[31, 32].

- Diesen kritischen Stimmen widersprechen andere Autoren mit durchaus plausiblen Argumenten, dass ohne die grundlegenden strukturellen Reformen und innovativen Konzepte (z. B. der Agenda 2010) die Städte und Landkreise in Deutschland schon sehr viel früher an die Grenze ihrer Leistungsfähigkeit gestoßen wären.[33] Die Aufgabenstellungen der kommunalen Sozialpolitik und Sozialarbeit – so die Botschaft – können nicht länger mit der eindimensionalen Steuerungslogik der Verwaltung bearbeitet werden. Voraussetzung für eine Lösung ist eine funktionsfähige Neuregelung in den Beziehungen zwischen Staat – Markt und den Bürgern/innen, die ohne eine Machtverlagerung zugunsten der Zivilgesellschaft nicht gelingen kann (Stichwort Social Governance).

- Das wird ohne Widerstände, Verlustängste und neue Lernprozesse nicht zu haben sein. Die professionelle Sozialarbeit z. B. wird akzeptieren müssen, dass „ökonomische Ideen zum Normalfall werden", Verwaltung und Sozialmanagement ihrerseits müssen begreifen, ihre Entscheidungen nicht nur nach

---

(Adorno und Habermas) auf dem Soziologentag 1961 (Tübingen) bezeichnet. Sollen Theorien ein System wissenschaftlichen Regeln zur Erklärung von Wirklichkeit sein oder als kritisches Instrument zur Veränderung der Gesellschaft, zu mehr Mündigkeit und Demokratie beitragen? In: Adorno, Dahrendorf, Pilot, Albert, Habermas, Popper 1972: Der Positivismusstreit in der deutschen Soziologie, Darmstadt und Neuwied (Luchterhand).

30   Wöhrle 2016, S. 227-254, in: Busse, Ehlert, Becker-Lenz, Müller-Nermann.

31   Müller 2016, in: Wöhrle, Fritze, Prinz, Schwarz 2016, S. 20ff.

32   Silvia Staub-Bernasconi (2016), in: Wöhrle, Fritze, Prinz, Schwarz 2016, S. 20ff.

33   Graffe, Schmid-Urban, Schröer, Schwarz, Speck 2004, S. 62.

fiskalisch-monetären Kriterien, sondern „im Rahmen sozialarbeiterischer, ethischer, moralischer, ökologischer, politischer Argumente zu bestimmen"[34].

Überraschend hinsichtlich des Tempos und nach wie vor umstritten in den Auswirkungen ist die traditionelle Vorrangstellung des Staates für den Sozialbereich binnen weniger Jahre einer Mischung aus Strukturelementen des Staates, des Marktes und der Zivilgesellschaft gewichen: bürokratische Vorschriften und hierarchische Kontrolle werden durch Wettbewerbsregeln und Marktlogiken ergänzt, die Steuerung der einschlägigen Prozesse erfolgt zunehmend unter Einbezug der zivilgesellschaftlichen Akteure mit ihren lokalen Partnerschaften, durch Partizipation und Ausrichtung der sozialen Dienste an den örtlichen Bedürfnissen der Bürger und Bürgerinnen. Die neuen Strukturen und Prozesse der Steuerung fordern von allen beteiligten Akteuren Lernprozesse und Flexibilität, die ihre Zeit brauchen, vieles „läuft noch nicht rund."

Gleichzeitig hat der neue Mix aus Eigeninitiativen der Betroffenen, informellen Netzwerken, staatlichen Unterstützungsleistungen und beruflichen Dienstleistungen der öffentlichen, freien und gewerblichen Träger eine „neue Unübersichtlichkeit" geschaffen, deren Steuerung immer weniger durch den paternalistischen Staat erfolgt, sondern zunehmend durch Verhandlungsnetzwerke, in denen sich die Steuerungslogiken von Staat, Markt und Assoziationen mischen. Diese verschiedenen Steuerungsaktivitäten auszubalancieren und der wachsenden Komplexität sowohl der Organisationen als auch ihrer Umweltbedingungen gerecht zu werden, ist Aufgabe des Sozialmanagements. Wenn demnach das Sozialmanagement notgedrungen gouvernemental gefordert ist, so kann seine sozialpolitische Orientierung und Positionierung nicht ausbleiben[35].

So wenig wie die Politik kann sich auch das Sozialmanagement nicht aus der Verantwortung mogeln und eine Reduktion der Komplexität vornehmen, indem sie einem anonymen Markt die Verantwortung zuspielt. Die aus vielen Gründen notwendigen strukturellen Reformen sind Aufgaben des Staates und können grundsätzlich nicht einer nicht näher definierten Marktwirtschaft (liberal, neoliberal oder neokonservativ) überlassen werden. Der unbehandelte „Messiaskomplex" der Wirtschaftswissenschaften[36] „dass die Märkte alles richten und immer recht haben" ist kein realistisches, funktionsfähiges und demokratisch legitimiertes Steuerungskonzept im modernen Rechts- und Sozialstaat!

---

34 Evers 2003, S. 11ff.
35 Schwarz 2016, S. 22ff.
36 Faust 2016, in: Wöhrle, Fritze, Prinz, Schwarz 2016, S. 20ff.

Hinsichtlich dieser Einsicht sind die Sozialmanagementdiskurse noch sehr abstinent, sehr pragmatisch orientiert, fast ein wenig behäbig und wenig zukunfts-orientiert. Man könnte vermuten, dass die wortführenden Protagonisten/innen in den Sozialmanagement-Diskursen es vorziehen, unter sich zu bleiben und ihren Auftrag zur Erfüllung der staatlichen Vorgaben abzuarbeiten – anstatt sich deut-lich gesellschaftlich einzumischen. Das Sozialmanagement ist zu wenig präsent in der öffentlichen Wahrnehmung. Mit der gut frequentierten ConSozial-Messe in Nürnberg) hat es sich zwar eine gute Plattform geschaffen, konnte sich aber dennoch in einer breiteren Öffentlichkeit bisher nur wenig positionieren und pro-filieren. Auf dem Vier-Länder-Kongress 2008 in Luzern hat Armin Wöhrle für das Sozialmanagement einen „zweiten Professionalisierungsschub" bis zum Jahr 2020 gefordert[37] – viel Zeit bleibt uns also nicht mehr, um diese Forderung zu erfüllen.

Danksagung

Für 15 Jahre Masterstudiengang Sozialmanagement an der Ostfalia Braun-schweig-Wolfenbüttel danke ich

- den Studierenden für interessante Diskussionen, konstruktive Kritik und viele Anregungen in den gemeinsamen Seminaren,
- den Kollegen Ludger Kolhoff, Georg Kortendieck und Joachim Döbler für die kollegiale Zusammenarbeit in all den Jahren

und last but not least Michael Vollmer für seine exzellente Organisation der Semi-nare, den immer freundlichen Empfang und nachsichtigen Umgang mit meinen Schwächen.

---

37 Wöhrle 2008, in: Bassarak, Wöhrle 2008, S. 63ff.

Literatur

Adorno, T. W. (Hrsg.). (1972). *Der Positivismusstreit in der deutschen Soziologie.* Darmstadt, Neuwied: Luchterhand.

Bader, C. (1999). *Sozialmanagement: Anspruch eines Konzepts und seine Wirklichkeit in Non-Profit-Organisationen* (S. 35), Freiburg im Breisgau: Lambertus.

Bassarak, H., & Wöhrle, A. (Hrsg.). (2008). *Sozialwirtschaft und Sozialmanagement im deutschsprachigen Raum : Bestandsaufnahme und Perspektiven*; [Ergebnisse des Vier-Länder-Kongresses vom 24. – 26. April 2008 in Luzern]. Augsburg: ZIEL.

Böhret, C., Klages, H., Reinermann, H., & Siedentopf (Hrsg.). (1987). *Herausforderungen an die Innovationskraft der Verwaltung: Referate, Berichte, Stellungnahmen und Diskussionsergebnisse der Verwaltungswissenschaftlichen Arbeitstagung des Forschungsinstituts für öffentliche Verwaltung bei der Hochschule für Verwaltungswissenschaften Speyer vom 8. bis 10. Oktober.* Opladen: Westdeutscher Verlag.

Bundeszentrale für politische Bildung: www.bpb.de/politik/grundfragen/deutsche...eine.../ wirtschaftliche-entwicklung? Zugriff: 15.09.2016.

Crouch, C. (2011). *Das befremdliche Überleben des Neoliberalismus – Postdemokratie II.* Berlin: Suhrkamp.

Dahme, J., & Wohlfahrt, N. (Hrsg.). (2012). *Produktionsbedingungen sozialer Arbeit in Europa : Analysen und Länderberichte.* Baltmannsweiler: Schneider-Verlag Hohengehren.

Deckstein, D. (1994). *Süddeutsche Zeitung* Nr. 53 5/6 März 1994, S. 4.

Evers, A. (2003). Soziale Unternehmen – die Zukunft öffentlicher sozialer Dienstleistungen anders denken! In: *Theorie und Praxis Sozialer Arbeit.* Weinheim: Beltz-Verlag.

Frey, D. (1994). *Süddeutsche Zeitung* 7/3, 1994, S. 24.

Fukuyama, F. (1992). *Das Ende der Geschichte.* München: Kindler.

Graffe, F. u. a. (2004). *Fit für die Zukunft: kommunale Sozialpolitik im Wandel; die Neuorganisation des Sozialreferates der Landeshauptstadt München.* München: Landeshauptstadt München, Sozialreferat.

Jann, W. (1996). Moderner Staat und effiziente Verwaltung. Zur Reform des öffentlichen Sektors. In: *Theorie und Praxis der Sozialen Arbeit.* Berlin/Frankfurt: Suhrkamp-Verlag.

Kellermann, C. (2006). *Die Organisation des Washington Consensus: Der Internationale Währungsfonds und seine Rolle in der internationalen Finanzarchitektur.* Bielefeld: transcript Verlag.

Seibel, W. (1994). *Funktionaler Dilettantismus. Erfolgreich scheiternde Organisationen im „Dritten Sektor" zwischen Markt und Staat.* Baden-Baden: Nomos-Verl.-Ges.

KGSt-Bericht (1993). *Das neue Steuerungsmodell: Begründung, Konturen, Umsetzung /* [Kommunale Gemeinschaftsstelle für Verwaltungsvereinfachung (KGSt)], Köln: KGSt.

Schwarz, G. (1995). *Sozialmanagement*, 2., unveränd. Aufl. Alling: Sandmann.

Schwarz, G., & Beck, R. (2010). *Sozialstaat, Sozialpolitik und Sozialverwaltung im Kontext der politischen Entwicklung.* Brandenburg an der Havel: Agentur für wissenschaftliche Weiterbildung und Wissenstransfer an der FH.

Streeck, W. (2013). *Gekaufte Zeit: Die vertagte Krise des demokratischen Kapitalismus.* Berlin/ Frankfurt: Suhrkamp-Verlag.

Streit, M. E. (Hrsg.). (1988). *Wirtschaftspolitik zwischen ökonomischer und politischer Rationalität – Festschrift für Herbert Giersch.* Wiesbaden: Springer Fachmedien Wiesbaden.

Wendt, W. R. (Hrsg.). (2013). *Sozialwirtschaft kompakt : Grundzüge der Sozialwirtschafts-lehre.* Wiesbaden: Springer VS.

Wollmann, H. (1996). Verwaltungsmodernisierung: Ausgangsbedingungen, Reformanläufe und aktuelle Modernisierungsdiskurse. In: C. Reichardt & H. Wollmann (Hrsg.), *Kommunalverwaltung im Modernisierungsschub?* (S. 1-49). Basel/Boston/Berlin: Birkhäuser Verlag.

Wöhrle, A. (2000). Gesamtkonzeption aller Präsenzeinheiten, FVL-Fernstudienverbund der Länder (Hrsg.).

Wöhrle, A. (Hrsg.). (2012). *Auf der Suche nach Sozialmanagementkonzepten und Managementkonzepten für und in der Sozialwirtschaft, Bd. 3. Entwürfe mit mittlerer Reichweite und Arbeiten an den Nahtstellen.* Augsburg: ZIEL.

Wöhrle, A., Fritze, A., Prinz, T., & Schwarz, G. (Hrsg.). (2016). *Sozialmanagement – Eine Zwischenbilanz.* Wiesbaden: Springer VS.

Wöhrle, A. (2016). Die Entdeckung der eigenen Steuerung. Die Entstehung des Sozialmanagements zwischen Abwehr und Erweiterung. In: S. Busse, G. Ehlert, R. Becker-Lenz & S. Müller-Nermann (Hrsg.), *Professionalität und Organisation* (S. 227-254). Wiesbaden: Springer VS.

15 Jahre Master Sozialmanagement aus der Sicht eines „Verwalters"

Auszüge der vorgestellten Studie[1] *15 Jahre weiterbildender Fernstudiengang Sozialmanagement an der Ostfalia Hochschule Braunschweig/Wolfenbüttel – eine zusammenfassende Untersuchung zur Alumni-Veranstaltung im September 2016*

Michael Vollmer

Vorwort

Sozialmanagement beschreibt alle Managementfunktionen, die zum Führen und Leiten sozialer Organisationen notwendig sind. Es verbindet betriebswirtschaftliches mit sozialpädagogischem und psychologischem Wissen und ist weder an eine formale Rechtsform der Organisation gebunden noch zwingend mit dem Ziel einer Gewinnerzielung verknüpft.

In den 1980er Jahren erstmalig thematisiert, entwickelten sich im anschließenden Jahrzehnt erste Überlegungen zur Konzeption eigenständiger Studiengänge.

An der Ostfalia Hochschule für angewandte Wissenschaften (vorher Fachhochschule Braunschweig/Wolfenbüttel) mündeten diese Bestrebungen 2001 in der Einführung des weiterbildenden Fernstudienganges Sozialmanagement.

Der vorliegende Text fasst 15 Jahre Sozialmanagement an der Ostfalia zusammen, beschreibt die Struktur der Studierenden, deren schwerpunktmäßige thematische Auseinandersetzung mit den einzelnen Bereichen des Sozialmanagements, berichtet über die gemachten Erfahrungen in der Administration und im Prüfungswesen und fasst Evaluationsergebnisse zusammen.

Ich danke meiner studentischen Hilfskraft, Herrn Marcel Sauvan, für seine tatkräftige Unterstützung bei der Zusammentragung und Verarbeitung aller Daten.

Wolfenbüttel, im Sommer 2016
Dipl.-Kfm. Michael Vollmer

---

1   Die vollständige Studie ist auf der Webseite des Studienganges unter www.ostfalia.de/cms/de/s/ abrufbar.

Startphase, Fakten und Zahlen zum Studiengang

Als das Projekt Fernstudiengang Sozialmanagement entwickelt wurde, ahnte niemand, dass dieser Studiengang 15 Jahre derart erfolgreich angeboten werden würde. Die (Erst-) Akkreditierung erfolgte 2001, 2 Reakkreditierungen wurden 2006 und 2011 bescheinigt. 2005 erfolgte die Nachakkreditierung *„Dieser Abschluss eröffnet den Zugang zum höheren Dienst"*.

Der Studiengang im Überblick

Der Studiengang „Sozialmanagement" ist als betreutes Fernstudium begleitet von Präsenzeinheiten im Verhältnis von ca. 67 % zu 33 % konzipiert und umfasst fünf Semester. Dabei werden in zwei Basissemestern gesellschaftliche, sozialpolitische, betriebswirtschaftliche und rechtliche Grundlagen für das Management in sozialen Organisationen und der öffentlichen Verwaltung vermittelt. In zwei weiteren Semestern erfolgt die Vertiefung im Bereich des Sozialmanagements. Das fünfte Semester dient zur Abfassung der Masterarbeit inkl. Kolloquium[2].

Mittels Selbststudium kann überwiegend zu Hause studiert werden. Im Rahmen von Seminareinheiten an der Hochschule finden zur Vertiefung und Überprüfung des Gelernten zusätzlich regelmäßige Präsenzveranstaltungen in Wolfenbüttel statt.

Das Studium ist für Berufstätige konzipiert, die ein abgeschlossenes Hochschulstudium der Sozialwissenschaften, insbesondere der Sozialarbeit/Sozialpädagogik nachweisen. Auch zugelassen wird, wer einen anderen Hochschulabschluss nachweist und über einschlägige praktische Erfahrungen in Arbeitsfeldern der Sozialen Arbeit verfügt.

Mit dem erfolgreichen Abschluss wird der akademische Grad „Master of Social Management" (M.S.M.) verliehen. Er eröffnet die Möglichkeit zum Einstieg in den höheren Dienst.

Das Studium umfasst 6 zu prüfende Module. Jedes Modul beinhaltet Lehrmaterialen für das Lernen im selbstbestimmten Rahmen. Eine bestandene Modul-

---

2   Die Empfehlung der Kultusministerkonferenz sieht für aufbauende, weiterführende Studiengänge eine Dauer von 1 bzw. 2 Jahren vor. Die Abweichung folgt der Erkenntnis, dass es sich bei dem Programm um einen berufsbegleiten den Studiengang handelt, der nach 4 Semestern abgeschlossen ist. Die Studierenden verfügen jedoch nicht über die zeitlichen Ressourcen, auch die Masterarbeit innerhalb dieser Zeit zu erstellen. Hierzu ist ein weiteres Semester notwendig.

prüfung führt zur Gutschrift von (nach zeitlichem Aufwand gewichteten) Credit Points. Gemeinsam mit der erfolgreich absolvierten Masterprüfung (Erstellung der Masterarbeit/mündliche Abschlussprüfung) erhält die Absolventin/der Absolvent insgesamt 120 Credits, die summiert mit den im vorausgehenden Bachelor-Studium erhaltenen 180 Credits die zur Promotion erforderlichen 300 Credits ergeben.

- M1 Grundlagen des Sozialmanagements (18 Credit Points)
- M2 Rechtsgrundlagen des Sozialmanagements (6 Credit Points)
- M3 BWL- Grundlagen des Sozialmanagements (20 Credit Points)
- M4 Management des Organisationswandels (12 Credit Points)
- M5 Personal-, Qualitäts- und Ressourcenmanagement (17 Credit Points)
- M6 Informationsmanagement (18 Credit Points)
- Masterarbeit / Kolloquium (29 Credit Points).

Alle angebotenen Module enden mit einer Prüfung.

Struktur der Studierenden

Bis zum Sommer 2016 wurden 18 Jahrgänge an der Ostfalia immatrikuliert. Im Rahmen einer Kooperation mit dem AWO-Bundesverband e. V., Bonn wurde im Jahr 2003 zusätzlich zum (damaligen) FH-Standort Braunschweig eine zweite, eigenständige Studiengruppe in Remagen mit 15 Studierenden eingerichtet (7 Männer, 8 Frauen).

2004 und 2005 studierten neben in Braunschweig jeweils eine Kohorte in Wien, Österreich. Diese Zusammenarbeit gründete auf einer Kooperation mit dem dort ansässigen FH Campus Wien.

14 % (54 TL) hatten zum Einschreibungszeitpunkt einen anderen als sozialwissenschaftlichen Abschluss (Ernährungswissenschaften, Geschichte, Rechtswissenschaften, Biologie, Sozial- und Organisationspädagogik, Medizin).

(12 %) arbeiteten zum Studienbeginn in Berufen, die nicht dem klassischem sozialen Bereich zugeordnet werden können (Medizin, Lehrtätigkeit, Agraringenieurwesen, Biologie, Kulturwissenschaftlichen Einrichtungen).

Doch immer erkennt man das Streben nach einer Führungsposition im Sozialen Sektor und bestehende Berührungspunkte mit diesem z. B. durch nebenberufliches soziales Engagement.

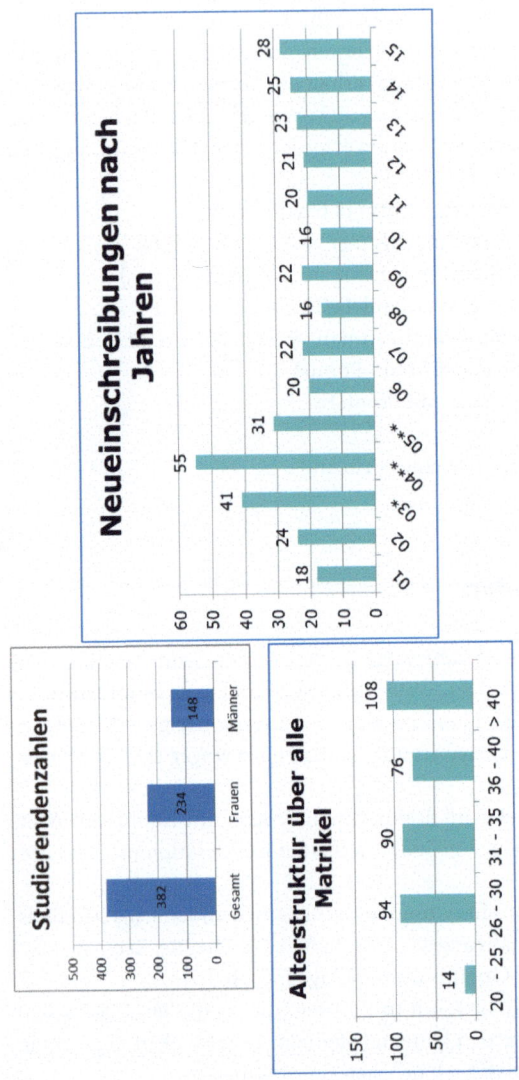

Abb. 1 Studierendenzahlen, Altersstruktur, Neueinschreibungen

* Kooperation mit dem AWO-Bundesverband e. V., Bonn

** Kooperation mit dem FH Campus Wien

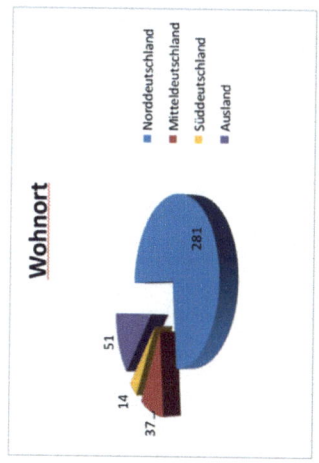

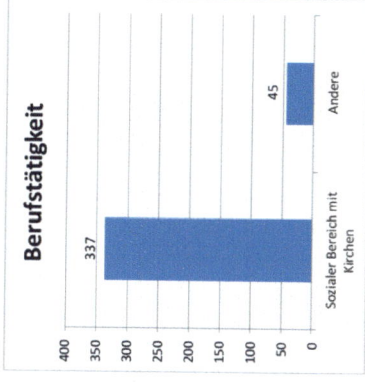

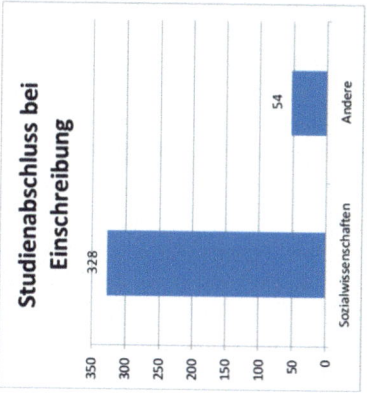

Abb. 2   Studienabschluss, Berufstätigkeit, Wohnort

Organisation

Lehrmaterialien

Die Konzeption als Fernstudiengang wird durch die Gliederung in Selbststudien-einheiten und Präsenzphasen im Verhältnis von 2/3 zu 1/3 deutlich. Einen Großteil des Programms erarbeiten sich die Studierenden im Selbststudium selbst.

Präsenzphasen

Präsensseminare an der Hochschule in Form von Wochenendblöcken besuchen die Studierenden durchschnittlich einmal monatlich.

Coaching

Coaching wird hier verstanden als eine ergebnis- und lösungsorientierte Form professioneller Beratung für Menschen im Berufsleben.

Module und Themen

Auch die Sozialwirtschaft ist gekennzeichnet durch wachsenden Konkurrenz- und Wettbewerbsdruck. Der moderne Manager kämpft um Ressourcen und bewegt sich in politischen Systemen. Ziel ist stets, ein flexibles Reagieren auf sich ändernde Wettbewerbsbedingungen zu ermöglichen.

In 6 Master-Modulen werden die Hintergründe für das Steuern und Leiten von Organisationen unter diesen Gesichtspunkten vermittelt. Die wissenschaftliche Unterfütterung der Themenstellung Management und Sozialmanagement erfolgt insbesondere im Rahmen wissenschaftlicher Haus- und Masterarbeiten.

Lehrinhalte und Themenschwerpunkte der Prüfungsform
Hausarbeit mit Präsentation

Diese Prüfungsform findet im Rahmen der Module 1, 5 und 6 Anwendung. Die Anfertigung der Hausarbeit erfolgt in einem Zeitraum von 6 Wochen und soll wissenschaftlichen Maßstäben genügen. Die Teilnehmer haben bei der Themen-findung ein Vorschlagsrecht. Hierdurch werden sie von Beginn an angehalten, sich bereits im Vorfeld der Niederschrift intensiv mit Bereichen des Sozialmanagements auseinanderzusetzen. Darüber hinaus erhalten sie so die Möglichkeit, persönliche Interessensgebiete oder aktuelle Fragestellungen aus ihrer Organisation in die Themenfindung einfließen zu lassen.

Master-Modul 1: Grundlagen des Sozialmanagements

Die Grundlagen des Sozialmanagements dienen der Positionsbestimmung und Orientierung der Studierenden aus Makrosicht der Gesellschaft, des Staates, der Nationalökonomie und aus Mikrosicht der einzelnen Organisation und deren Finanzierungsmöglichkeiten sowie der Zugänge zum Sozialmanagement und umfasst die Lehrinhalte *Sozialstaat und Korporatismus, Expansion der Non-profit-Organisationen, Veränderungen im Geschäftsfeld öffentlicher und intermediärer Dienstleistungen, Finanzierung, Rahmenbedingungen sozialer und öffentlicher Managementtätigkeit im Sozialstaat Bundesrepublik Deutschland, Organisation und Management* sowie die *Volkswirtschaftliche Verortung der Sozialwirtschaft.*

Im Modul 1 wurden insgesamt 297 Hausarbeiten mit folgenden Schwerpunkten erstellt:

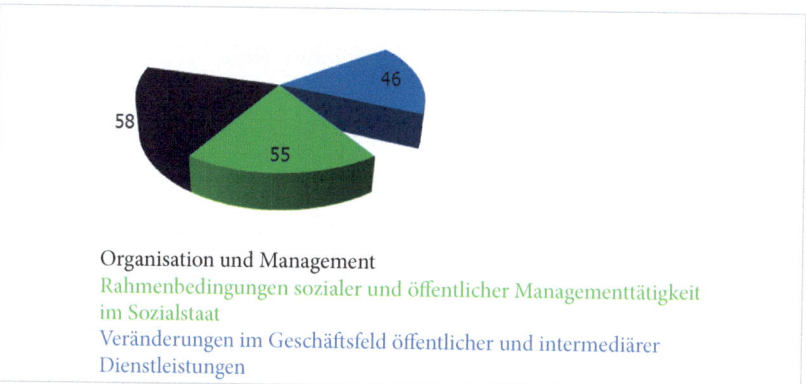

Organisation und Management
Rahmenbedingungen sozialer und öffentlicher Managementtätigkeit im Sozialstaat
Veränderungen im Geschäftsfeld öffentlicher und intermediärer Dienstleistungen

Abb. 3   Schwerpunkt Organisation und Management, Rahmenbedingungen sozialer und öffentlicher Managementtätigkeit im Sozialstaat, Veränderungen im Geschäftsfeld öffentlicher und intermediärer Dienstleistungen

Master-Modul 5: Personal-, Qualitäts- und Ressourcenmanagement

Das Master-Modul 5 bietet einen Überblick einzelner Handlungsfelder des Managements. Personalmanagement konzentriert sich auf die Human Ressourcen, Qualitätsmanagement auf die fachlichen Aspekte und umfasst die Lehrinhalte *Führen im Zeichen des Organisationswandels und neuer Steuerungskonzepte, Personalmanagement als Führungskonzept, Optimierung von Leitungshandeln sowie Qualität/Evaluation/Qualitätssicherung/Total Quality Management.*

Im Modul 5 wurden insgesamt 299 Hausarbeiten mit folgenden Schwerpunkten erstellt:

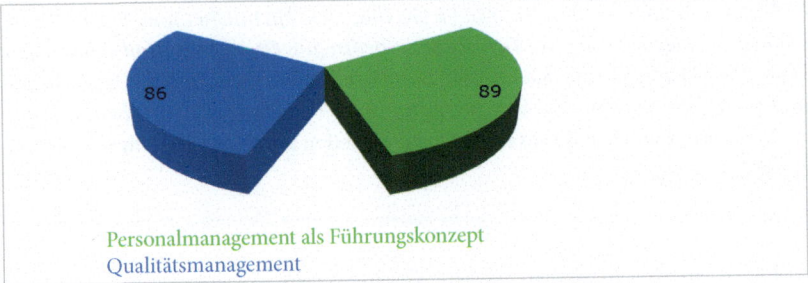

Abb. 4 Schwerpunkt Personalmanagement als Führungskonzept, Qualitätsmanagement

Master-Modul 6: Informationsmanagement

Das Informationsmanagement behandelt das Planen, Gestalten, Überwachen und Steuern von Informationen und Kommunikation zur Erreichung strategischer Ziele und umfasst die Lehrinhalte *Marketing sozialer und öffentlicher Unternehmen, Informationspolitik, Öffentlichkeitsarbeit, Lobbyismus, Netzwerkpolitik unter besonderer Berücksichtigung des Dritten Sektors, Informations-/Kommunikationstechnik – Hilfsmittel leistungsfähiger Organisationen, Wissensmanagement* sowie *Existenzgründungen im sozialen Bereich.*

Im Modul 6 wurden insgesamt 271 Hausarbeiten mit folgenden Schwerpunkten erstellt:

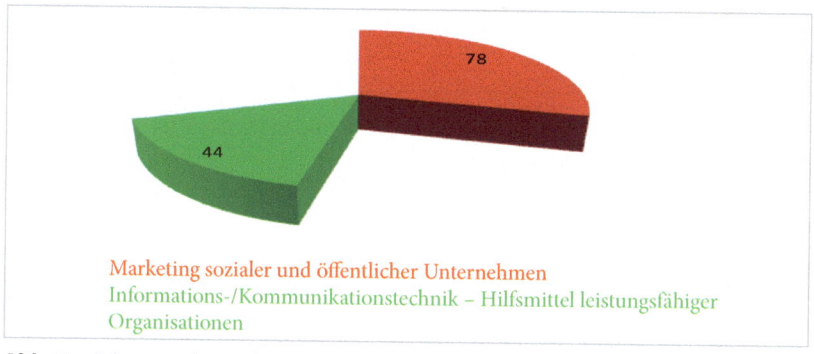

Abb. 5   Schwerpunkt Marketing sozialer und öffentlicher Unternehmen,
Informations-/Kommunikationstechnik – Hilfsmittel leistungsfähiger
Organisationen

Lehrinhalte und Themenschwerpunkte der Prüfungsform *Klausurarbeit*

Klausurarbeiten sind in 3 Master-Modulen abzulegen. Die Bearbeitungszeit umfasst
jeweils 180 Minuten.

Master-Modul 2: Rechtliche Grundlagen des Sozialmanagements

Die Klausur zum Modul 2 ist die 1. Prüfung im Fernstudiengang Sozialmanagement
und findet zum Ende des 1. Semesters statt. Sie wurde 327 abgelegt. Lehrinhalte:
*Rechtsgrundlagen der öffentlichen Verwaltung, Rechtsformen und Unternehmens-
formen, Arbeitsrecht sowie Beamtenrecht.*

Das Modul strebt im übergeordneten Sinn an, den Studierenden das Recht
nicht nur als Einengung und Restriktion zu vermitteln, sondern auch als Option
sowie Gestaltungs- und Reaktionsmöglichkeit. Es bietet einen Überblick über die
Bereiche Verfassungs-, Verwaltungs-, Zivil- und Arbeitsrecht.

Master-Modul 3: Betriebswirtschaftliche Grundlagen des Sozialmanagements

Die Studierenden lernen, Managementaufgaben und betriebswirtschaftliche Aufgaben zusammenzuführen.

Die Klausur *BWL* findet im Anschluss an das 2. Semester statt und wurde 303 mal angefertigt. Lehrinhalte: *Beschaffung, Produktion und Absatz im Verwaltungs- und Sozialbetrieb, Rechnungswesen und Kostenmanagement, Investitionsrechnung und Öffentliche Finanzwirtschaft* sowie *Ressourcenmanagement, Effizienzmessung mit Kennzahlen, Controlling.*

Master-Modul 4: Management des Organisationswandels

280 mal wurde die Klausur zum Modul 4 im Anschluss an das 3. Semester ge-schrie-ben und umfasst die Lehrinhalte *Organisationsanalyse und -entwicklung sowie Projektmanagement.*

Die Studierenden sollen die Organisationsanalyse als ein Konzept verstehen, das der Erhöhung der Wirtschaftlichkeit, Effizienz und Effektivität von sozialen Einrich-tungen mit dem Ziel einer verbesserten und bzw. veränderten Organisationsstruktur anstrebt. Die Organisationsentwicklung setzt sich anhand verschiedener Modelle mit der Verbesserung der Arbeitsbedingungen in der Organisation auseinander.

Durch die Darstellung von Rahmenbedingungen und Techniken lernen die Studierenden die Prozessphasen des Projektmanagements von der Diagnose über die Planung bis zur Umsetzung kennen.

Prüfungen und Ergebnisse

Die erreichten Prüfungsergebnisse über alle Matrikel und Module sind überdurchschnittlich, was (auch hinsichtlich der Studiengebühren von € 5.700) als Zeichen einer hohen Motivation seitens der Studierenden gewertet werden kann und zu erwarten war.

Durchschnittsnoten über alle Module (Matrikel 2001 – 2013)

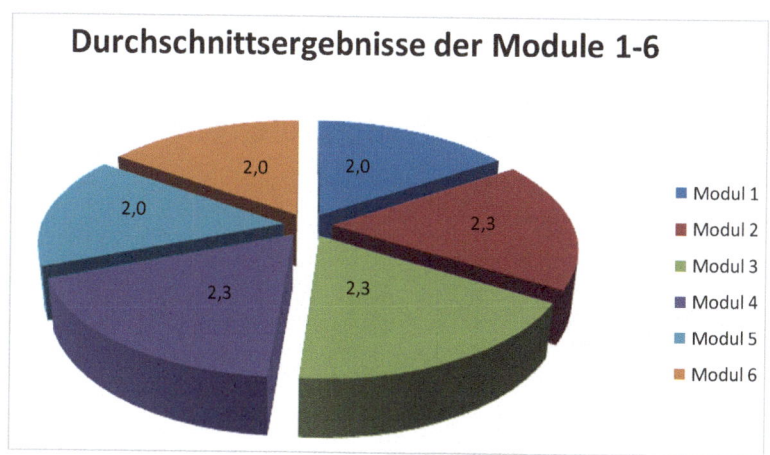

Abb. 6   Durchschnittsnoten über alle Module

Masterprüfung

Das Studienprogramm endet im 5. Semester (Regelstudienzeit) mit der Anfertigung einer Masterarbeit sowie einem Kolloquium. Bis zum Matrikel 2013 wurden insgesamt 260 Masterarbeiten erstellt.

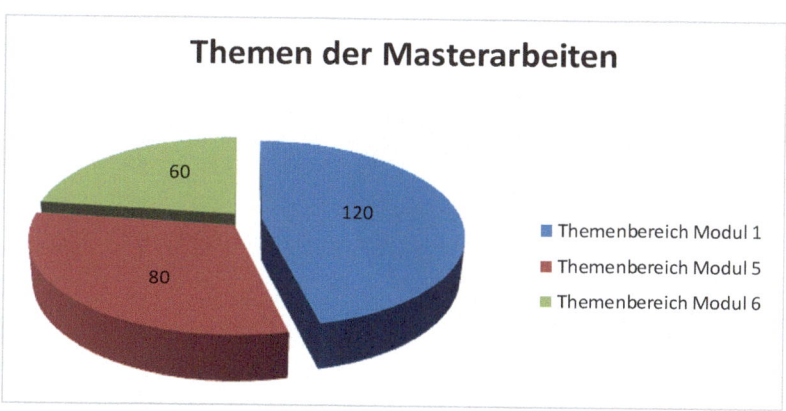

Abb. 7   Themen der Masterarbeiten

Die Ergebnisse der Masterprüfungen sind wie schon im Bereich der vorgelegten Hausarbeiten überdurchschnittlich und zeugen von einer großen Leistungsbereitschaft der Studierenden.

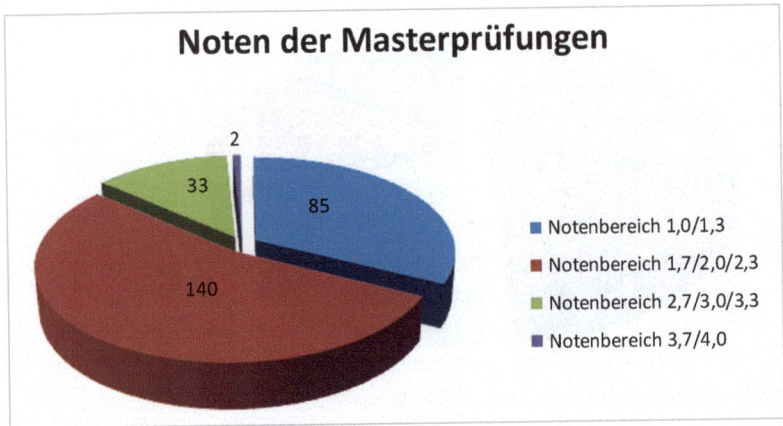

Abb. 8   Noten der Masterprüfungen

Erreichte Gesamtnoten

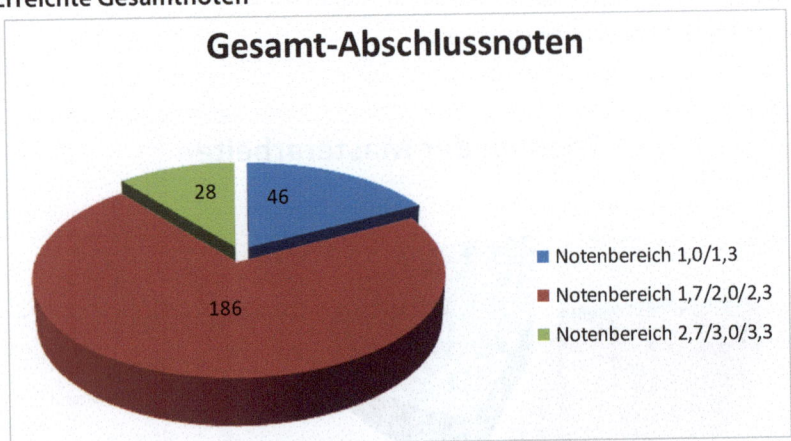

Abb. 9   Gesamtabschlussnoten

Evaluation

Zusammenfassend kommt eine hohe Zufriedenheit zum Ausdruck. Die Studierenden beurteilen die Qualität des Studiums insgesamt als hoch und den Studienzielen entsprechend gut umgesetzt. Gelobt wird das breite Spektrum des Studiums. Die Gesamt-Koordinierung durch einen wiss. Mitarbeiter als zentralen Ansprechpartner wird als wichtige Säule empfunden. Die Kosten des Studiums werden als „angemessen" empfunden.

Das Lehrmaterial sowie die Seminare werden insgesamt als gut beurteilt. Eine hohe inhaltliche Qualität wird den neu eingesetzten Büchern bescheinigt, die man auch nach dem Studium weiter nutzen werde.

Alumni

In den Jahren 2008, 2009, 2010 und 2011 wurden an der Fakultät unter den Überschriften

Wirtschaftlich denken, vernetzt handeln, Veränderung der Wohlfahrtsproduktion, Wirksamkeit der Sozialwirtschaft sowie Was aus uns geworden ist?
Mein Haus, mein Auto, mein Boot

Alumni-Tagungen zum FS Sozialmanagement durchgeführt, an denen neben Absol-ventInnen auch Praktiker teilnahmen. Die Ergebnisse wurden jeweils veröffentlicht.

Im Sinne einer wissenschaftlichen Tagung ist das Alumni-Treffen 2009 hervorzuheben, in dessen Rahmen eine Podiumsdiskussion (u. a. mit Ulrich Markurth, damals Sozialdezernent, heute Oberbürgermeister der Stadt Braunschweig) unter der Moderation von Prof. Dr. G. Schwarz stattfand. Es wurde intensiv über die derzeitigen Lehrinhalte im Fernstudiengang Sozialmanagement diskutiert, um den aktuellen Anforderungen eines Sozialmanagers gerecht zu werden.

Was ist Ihr Ziel?
Vom Nutzen des Coaching im MA- Studiengang Sozial Management

Roswitha Bender

Sehr geehrte Frau Präsidentin, sehr geehrte Frau Bürgermeisterin, liebe Dekanin, lieber Ludger, lieber Herr Vollmer,

Sehr geehrte Kolleginnen und Kollegen, sehr geehrte Damen und Herrn,

Als dieser Studiengang gestartet ist, waren wir im damaligen Fachbereich nach meiner Erinnerung alle ein wenig am Zittern, ob er sich am Markt etablieren und sich angesichts der zu erwartenden Konkurrenz bewähren könne. Auch gab es durchaus kontroverse Diskussionen im Haus, wie Soziale Arbeit und Management zusammenpassen könnten. Management hatte etwas Anrüchiges, da man sich mit Führung und Leitung, Geld, Macht, Kontrolle und Leistung beschäftigte, was nicht vereinbar mit altruistischem, selbstlosem Handeln schien.

Dieses Spannungsfeld besteht meines Erachtens auch heute noch, wenn ich mir den Primat des Wirtschaftlichen in den unterschiedlichen Feldern unserer Gesellschaft anschaue (Bankenkrise, VW). Meine Position hierzu ist , dass das Wissen um Organisationen und Institutionen, das Wissen um deren Strukturen und deren Funktionieren notwendig ist; denn dieses heute mehr denn je notwendige Wissen erweitert das Möglichkeitsspektrum sozialarbeiterischen Handelns zum Wohle der in den Feldern der sozialen Arbeit berufstätigen Menschen sowie der „Kundschaft" im Sinne von Not wendend.

Das studienbegleitende Coaching wurde damals werbewirksam als Allein-stellungsmerkmal des Studienganges in die Studienordnung mit aufgenommen.

Im Folgenden werde ich mich erst einmal mit dem Begriff des Coaching befas-sen, dann den im psychosozialen Bereich etablierten Begriff der Supervision dazu in Beziehung setzen. Wie Sie an meiner Überschriftenwahl für den Kurzvortrag gemerkt haben, ist es mir wichtig zu reflektieren, welchen Sinn und Zweck dieses Angebot in einem berufsbegleitenden Bildungsangebot macht. Ich werde zu den

einzelnen Facetten des Themas auch meine ebenfalls 15-jährigen Coachingerfah-
rungen im Studiengang mit einfließen lassen.

Historisch gesehen war Ende der 80er Jahre die Zeit, in der Coaching als sog.
„Führungsschulung" Einzug in betriebliches Handeln hielt[1]. Vorher war der Begriff
wie Sie alle wissen im Sport gebräuchlich. Die Vorstellung, dass man wie im Sport
bestimmte Fähigkeiten und Fertigkeiten trainieren könne, erschien nach den bis
dahin üblichen Trainingsprogrammen gerade im industriellen Bereich wohl sehr
attraktiv. Nach König und Volmer[2] wurde der aus dem Sport übernommene Trai-
nerbegriff zum Coachingbegriff erweitert: „Während der Trainer einen Sportler
dabei unterstützt, seine Fähigkeiten zu entwickeln und z. B. einzelne Abläufe mit
ihm übt, bearbeitet der Coach daneben auch persönliche Themen…Was traue ich
mir zu? Bin ich davon überzeugt, dass ich es schaffe? Wie gehe ich mit Erfolgen
und Misserfolgen um?" Gerade für Führungskräfte wurden hier attraktive Indi-
vidualangebote „gestrickt".

Anfangs war Einzelcoaching als Arbeitsform üblich. Im Laufe der Zeit erfolgte
eine Erweiterung der Arbeitsform zu Zweiercoaching, Team- und Gruppencoaching.

Was ist nun Coaching?

Ich habe als Definition von Coaching sowie als umfassende Beschreibung des
Coachingprozesses die Definition von Christopher Rauen ausgewählt, da sie weitgehend deckungsgleich ist mit den Theorien, auf die ich mich in meinem eigenen
professionellen Handeln beziehe; diese Theorien sind fachlich dem Bereich der sog.
Humanistischen Psychologie zuzuordnen.

Rauen formuliert wie folgt:

> „Coaching ist ein interaktiver und personenzentrierter Begleitungsprozess, der
> berufliche und private Inhalte umfassen kann. Im Vordergrund steht die berufliche
> Rolle bzw. damit zusammenhängende aktuelle Anliegen des Klienten."

Den Prozess des Coaching beschreibt Rauen folgendermaßen:

> „Coaching ist individuelle Unterstützung auf der Prozessebene, d.h., der Coach
> liefert keine direkten Lösungsvorschläge, sondern begleitet den Klienten und regt
> dabei an, Ziele zu hinterfragen bzw. zu setzen und eigene Lösungswege zu entwickeln.
> Coaching ist lösungsorientiert und zielfokussiert und auf eine bewusste Selbstent-
> wicklung ausgerichtet."

---

1   Rosenstiel 2000, S. 228 f.
2   König und Volmer 2002, S. 9 f.

Auch wenn im Coaching (Problem-)Analysen wichtig sind, liegt der Schwerpunkt in einer ressourcenvollen Lösungsorientierung. Das Coaching dient dem Erreichen von selbstgewollten, realistischen Zielen, die für die Entwicklung des Klienten relevant sind.

Coaching findet auf der Basis einer tragfähigen und durch gegenseitige Akzeptanz und Vertrauen gekennzeichneten, freiwillig gewünschten Beziehung statt, d. h., der Klient geht das Coaching freiwillig ein und der Coach sichert ihm Diskretion zu. Coaching zielt immer auf eine (auch präventive) Förderung von Selbstreflexion und -wahrnehmung, Bewusstsein und Verantwortung, um so Hilfe zur Selbsthilfe zu geben.

Coaching arbeitet mit transparenten Interventionen und erlaubt keine manipulativen Methoden, da ein derartiges Vorgehen der Förderung von Bewusstsein prinzipiell entgegenstehen würde. „Ziel ist die Verbesserung der Selbstreflexions- und Selbstmanagementfähigkeiten des Klienten, d. h., der Coach soll sein Gegenüber derart fördern, dass der Coach letztendlich nicht mehr benötigt wird." (https://www.coaching-report.de/definition-coaching.html, Zugriff am 29.9.2016, 22h).

Der Berufsverband Deutscher Psychologinnen und Psychologen hebt besonders hervor, dass Coaching „schwerpunktmäßig als individuelle Personalentwicklungsmaßnahme von Führungskräften auf allen Hierarchieebenen zur Optimierung ihrer Leitungsaufgaben eingesetzt" wird (vgl. hierzu den Flyer des bdp zu „Methoden in Supervision und Coaching", o. A.).

Wie bei allen anscheinend neu entwickelten und in Folge hoffentlich erfolgreich zu vermarktenden Konzepten hat auch bei Coaching der Professionalisierungsprozess zeitnah eingesetzt: eigene „Schulen" haben sich entwickelt, abhängig von der theoretischen Herkunft der Profis, eigene Fort- und Weiterbildungsangebote mit entsprechenden Zertifizierungen, Berufsverbände usw.

Damit verbunden ergab sich auch eine fachliche Herausforderung, sich nämlich von der im Sozial-, Bildungs- und Gesundheitswesen üblichen Supervision abzugrenzen, da die Konzepte und Methoden von Supervision in der Regel aus psychotherapeutischen Verfahren heraus entwickelt und genutzt worden waren und diesen bei Managern wohl eher die Assoziation „krank, unfähig" auslösten.

Bis jetzt ist es m. E. nicht gelungen, wirklich trennscharfe Definitionen von Supervision und Coaching zu formulieren. Echte Unterschiede bestehen m. E. in der Herkunft (Sport und Industrie) sowie in den Arbeitsfeldern, in denen beide Verfahren zur Anwendung gelangen. Alle anderen Grenzen sind m. E. fließend und scheinen mir vor allem dem Vermarktungsaspekt geschuldet zu sein.

Supervision hat eine über 100-jährige Geschichte. Sie stammt aus den USA, wo in Wohlfahrtsorganisationen Fachkräfte zur Anleitung, Führung und Beratung der ehrenamtlichen Helferinnen eingesetzt wurden. In den sechziger Jahren fand Supervision ihren Einzug in Ausbildung und berufliche Praxis der Sozialen Arbeit. Kurz, knapp und knackig ist die Definition des bdp von Supervision:

> „Supervision ist ein regelgeleiteter und systematischer Lern- und Arbeitsprozess, in dem Fragen aus dem beruflichen Kontext reflektiert werden..... . Supervision bewegt sich im Spannungsdreieck von Person, Institution und Klientel" (bdp: Flyer „Methoden in Supervision und Coaching", o. A.).

Nun die Frage: welche Unterschiede zwischen Coaching und Supervision gibt es laut Literaturlage?

Graduelle Unterschiede zwischen Coaching und Supervision könnten sein: Führungskräfte vs. alle im Feld Tätigen.

Klarere Ziel- und Lösungsfokussierung, Erwerb und Förderung spezifischer Kompetenzen, mehr einzelne Skills im Fokus, Leistungssteigerung und Leistungserhalt.

Für den MA-Studiengang Sozial Management bedeutet das aus meiner Sicht, dass die Studierenden, welche eine Führungsebene in ihrem Arbeitsfeld anstreben oder bereits erreicht haben, fachliches Führungs- und Leitungs-Knowhow entweder ergänzend erwerben oder aber spezifizieren müssen. Von daher erscheint es mir im Nachhinein als geglückt, dass bei der Entwicklung des Studienganges der Begriff des Coaching gewählt wurde („Sprache schafft Wirklichkeit!"), nämlich im Sinn der von mir formulierten Schwerpunkte wie Erwerb und Förderung spezifischer Kompetenzen, mehr einzelne Skills im Vordergrund.

Damit komme ich zu der Frage, welchen Sinn und Zweck Coaching in diesem Weiterbildungsstudiengang hat und haben kann.

Sie erinnern sich: Im Sinne der Definition von Coaching des Bundes Deutscher Psychologinnen und Psychologen handelt es sich um eine „individuelle Personalentwicklungsmaßnahme", die folgende Managementfunktionen betreffen kann: Arbeitsorganisation, Führen, Motivieren, Anleiten, Kontrollieren von Mitarbeitern, Marktchancen, Wirtschaftlichkeitsdenken, Benchmarking usw.

Ziel des Studiums ist die Entwicklung von der Fachkraft zur Führungskraft. Das heißt zum einen, dass die Studierenden sich auf der Grundlage ihrer im Erststudium erworbenen professionellen Kenntnisse das dafür notwendige neue Sachwissen aneignen.

Hinsichtlich ihrer individuellen Persönlichkeitsentwicklung ist folgende „Bestandsaufnahme" sinnvoll:

Über welche Kompetenzen, Fähigkeiten und Fertigkeiten verfügt die Person? Zu welcher Art von Führungsperson möchte sie sich entwickeln? Welche ihrer Kompetenzen und Persönlichkeitseigenschaften können für das von ihr angestrebte Ziel genutzt/eingesetzt werden? Welche Kompetenzen will die Person bis zum Ende des Studiums erwerben? Wer oder was kann bei diesem Prozess unterstützend wirksam werden?

Für die Studierenden ist bei dieser Form des „Einstiegs" in das Coaching wichtig wahrzunehmen und zu bilanzieren, über welche Ressourcen sie bereits verfügen. Ein ebenfalls wichtiges und nützliches Instrument ist das Feedback der Gruppenmitglieder. Trotz aller Selbstreflexionskompetenz der TeilnehmerInnen im sozialen Feld ist auch hier immer wieder festzustellen, wie erstaunt Studierende darüber sind, wenn sie feststellen

a. über welches Repertoire an Kompetenzen sie bereits verfügen, ihr Selbstbild wird differenzierter (vieles wird von ihnen als selbstverständlich angesehen!)

b. wie sie von anderen wahrgenommen werden (Fremdbild) und wie hilfreich ein ressourcen- und lösungsorientiertes Feedback sein kann.

Im weiteren Verlauf des Coachingprozesses ist es spannend zu sehen, wie die Studierenden das in den Seminaren und Lehrbriefen erworbene Wissen mit ihrem jetzigen Arbeitsfeld abgleichen. Stärken und Schwächen der eigenen Organisation werden herausgearbeitet und reflektiert, Lösungsansätze entwickelt und im Gruppenprozess „kontrolliert". Besonders bemerkenswert ist, dass die Studierenden im Laufe dieses Coaching verstärkt das Bedingungsgefüge sowie die Komplexität ihrer Institution wahrnehmen lernen, dass sie erfahren, dass Veränderungen nicht einfach kausal-linear erfolgen (können). Ein nicht zu unterschätzender Lerneffekt durch das Gruppencoaching ist der vertiefte Einblick in andere Organisationsformen und deren (Nicht-)Funktionieren sowie die Ideen über mögliche Vernetzungen.

Auf der Ebene der individuellen Entwicklung zeigt sich oft die Mehrfachbelastung, in der die Studierenden sich in einem berufsbegleitenden Studium befinden. Hier ist es entlastend wahrzunehmen, dass die KommilitonInnen in vergleichbaren Situationen „stecken", die eigene Belastung relativiert sich und wird als der Situation angemessen wahrgenommen und bewertet. Dies führt oft zu solidarischem und unterstützendem Verhalten im Lern- und Arbeitsprozess (z. B. Hilfestellung im Umgang mit Technik, Bildung von AGs und Lerngruppen, gegenseitige fachliche Unterstützung außerhalb der Seminare).

Für manchen Studierenden überraschend ist, dass sich alte Verhaltensweisen wie Aufschieben, Vermeiden und Ausweichverhalten im Lernprozess als durchaus stabile und die Zeit überdauernde Verhaltensmuster zeigen.

Im Rahmen des Coachingprozesses ist es wichtig, nicht an den einmal gesetzten Zielen festzuhalten, sondern diese immer wieder auf ihre Sinnhaftigkeit zu überprüfen und sie gegebenenfalls „durchzustreichen". Das kann auch heißen, dass jemand in einem Coachingprozess zum Ergebnis kommt, das Studium besser abzubrechen.

Für Studierende, die bereits in Führungspositionen tätig sind, tauchen Fragestellungen auf wie: ich bin vom Kollegen zum Chef aufgestiegen, wie wirkt sich das im Umgang mit meinen ehemaligen KollegInnen aus? Wird mir Autorität zugesprochen? Wie verhalte ich mich, da ich jetzt nicht mehr auf der Ebene der „Gleichen" bin und z. b. auch Kontroll- und Sanktionsfunktionen ausüben muss? Kann und will ich das? Welches Bild von einem Chef habe ich und handle ich meinem „Ideal" entsprechend, was, wenn nicht? Verhalte ich mich so wie der Chef, der ich nie sein wollte? Hier kommen häufig Themen ins Spiel, die eine Auseinandersetzung mit eigenen Normen und Werten herausfordern, die manches Mal auch schambesetzt ist (der Blick in den Spiegel ist nicht immer angenehm!). Diese Auseinandersetzung mit den eigenen Werthaltungen ist mir besonders wichtig.

Ich möchte hier auf den Titel meines Kurzreferates zurückkommen: „Was ist Ihr Ziel? – Vom Nutzen des Coaching im Weiterbildungsstudiengang Sozial Management." Meine Antwort lautet: Coaching im Weiterbildungsstudiengang ist eine notwendige ergänzende Form vertiefenden Lernens. Es bietet den Studierenden die Möglichkeit, sich selbstreflexiv mit den wissenschaftsorientierten Studieninhalten auseinanderzusetzen und so ein vielfältigeres Spektrum an beruflichen und persönlichen Möglichkeiten zu entwickeln. Eine ressourcen- und lösungsorientierte Sichtweise auf sich selbst und auf berufliches Handeln fördert das Vertrauen in eigene Fähigkeiten, ermöglicht, aus einer Problemtrance herauszukommen und sich selbst als Akteur wahrzunehmen. Von der Arbeitsform her ideal wäre der Ausbau der Coachingeinheiten als kontinuierliche Begleitung bei den Präsenstagen. So könnten aus meiner Sicht wissenschaftliche Erkenntnisse *kontinuierlich* mit Entwicklungsprozessen der beruflich handelnden Person gekoppelt werden.

Eine zentrale Voraussetzung für Coaching, über die ich noch nicht explizit gesprochen habe, ist die freiwillige Teilnahme. Für den Studiengang Sozial Management ist Coaching wie das „Sahnehäubchen auf dem Kuchen", wie Du, lieber Ludger, einmal gesagt hast. Und mit Coaching ist es wie mit echter Sahne auch: nicht jede(r) mag davon was haben....

Herzlichen Dank für Ihre Aufmerksamkeit!

Literatur

Rosenstiel, L., von (2000). *Grundlagen der Organisationspsychologie*, 4., überarb. und erw. Aufl. Stuttgart: Schäffer-Poeschel.
König, E., & Volmer, G. (2002). *Systemisches Coaching*, 2. unv. Aufl. Weinheim: Beltz.

„Haben Sie so etwas schon einmal gemacht?"
Meine Geschichte zum Sozialmanagement

Kathrin Achnitz

Jahrgang: 1979
Masterabschluss: 2011
Berufsbezeichnung: Referentin der Geschäftsführung
Arbeitgeber: Neuerkeröder Wohnen und Betreuen GmbH
Werdegang nach dem Masterabschluss:

Oktober 2011 bis März 2013:
Auslandsaufenthalt in Puebla (Mexiko), Tätigkeit im pädagogisch-psychologischen Bereich des Colegio Humboldt (Deutsche Auslandsschule)

Mai 2013 bis Mai 2014:
Aufbau und Leitung der autismusspezifischen Wohngruppe der Neuerkeröder Wohnen und Betreuen GmbH (WuB)

Mai 2014 bis Oktober 2014:
Referentin der Geschäftsführung der WuB

Oktober 2014 bis Oktober 2015:
Elternzeit

Seit Oktober 2015:
Referentin der Geschäftsführung der WuB

Kontakt: Kathrin.Achnitz@t-online.de

Ziel des Studiums „Sozialmanagement" ist die Vermittlung von fundierten Managementkenntnissen, der Ausbau der entsprechenden Handlungskompetenzen und die persönliche Weiterentwicklung der Studenten.

Diese Ziele kann man als erreicht ansehen, wenn man nach Abschluss des Masterstudiums „Sozialmanagement" im Rahmen einer neuen Tätigkeit, die diesen Abschluss erfordert, eben jene Frage gestellt bekommt: „Haben Sie so etwas schon einmal gemacht?" und sie mit „Ja" beantworten kann.

Und wenn man es sich ebenso zutraut, sie mit „Nein" zu beantworten.

In Vorbereitung auf das Alumnitreffen und den damit verbundenen Vortag habe ich mich mit folgenden Fragestellungen beschäftigt:

1. Warum habe ich das Studium begonnen? Welche Ziele hatte ich? Bin ich heute da wo ich zu Beginn des Studiums hinwollte?
2. Hat sich das Studium sich „gelohnt"? Hat es meinen Erwartungen entsprochen? Was hat mir das Studium gebracht?
3. Würde ich das Studium weiterempfehlen?

Zu 1.

Die Entscheidung für das Studium Sozialmanagement habe ich eher „spontan" getroffen, allerdings mit einer ganz klaren Zielsetzung: gemeinsam mit meiner damaligen Vorgesetzten ein Unternehmen übernehmen und leiten.

Ich bin heute nicht da, wo ich zu Beginn des Studiums hinwollte, und das ist gut so. Im Verlauf des Studiums hat sich mein (Privat)leben grundlegend geändert, sodass ich nach dem Studium zunächst für eineinhalb Jahre ins Ausland, genauer gesagt nach Puebla in Mexiko gegangen bin.

Dort widmete ich mich wieder ganz der pädagogischen Arbeit und begleitete Kinder während ihres Auslandsaufenthaltes an einer deutschen Auslandsschule.

Nach meiner Rückkehr wechselte ich den Arbeitgeber und baute eine autismusspezifische Wohngruppe auf. Hier war ich mit sehr vielen Anforderungen konfrontiert, bei denen mir das Studium und dessen Inhalte sehr weitergeholfen haben. Letztlich stand ich vor einem leeren, renovierten Haus und hatte für alles zu sorgen: Leistungsvereinbarung, Klienten, Personal, Ausstattung, etc.

Diese Aufgabe hatte ich offensichtlich zur vollsten Zufriedenheit der Geschäftsführung ausgeführt, sodass ich schon ein Jahr später als Referentin der Geschäftsführung eingestellt wurde.

Somit bin ich heute nicht da, wo ich am Anfang des Studiums hinwollte. Aber genau da, wo ich sein will. Die Neuerkeröder Wohnen und Betreuen GmbH ist mit seinen rund 750 Mitarbeitern einer der größten Arbeitgeber im Landkreis

Wolfenbüttel. Mein Verantwortungsbereich liegt in der Unterstützung der Geschäftsführung u. a. in Bereichen strategisches Management, Personalcontrolling, Wirtschaftsplanung, und Veränderungsmanagement. Auf all diese Tätigkeiten hat mich das Studium gut vorbereitet.

Zu 2.

Kürzlich sollte ich bei einer Fortbildung die Ergebnisse unserer Kleingruppe präsentieren und wurde im Anschluss daran gefragt: „Das war super, haben Sie so etwas schon einmal gemacht?" Ich war zunächst verwirrt, weil ich diese Frage ganz eindeutig mit „Ja" beantworten konnte und daran auch nichts Besonderes fand. Im Studium haben wir gelernt unsere Arbeitsergebnisse zu präsentieren und in meiner tagtäglichen Arbeit kommt so etwas häufig vor. Aber dann habe ich mich gefreut, denn offensichtlich hat sich in diesem Punkt das Studium gelohnt.

Als mein Chef mir zum ersten Mal den Jahresbericht unseres Unternehmens gezeigt hat und wir darauf basierend unsere Balanced Scorecard für das nächste Jahr erarbeiten sollten, musste ich auf die Frage: „Haben Sie so etwas schon einmal gemacht" mit einem eher langgezogenem „Jaaa" antworten. Ich wusste, wir hatten diese Themen im Studium, aber sie waren mir nicht präsent. Dennoch: ich wusste wo ich nachschauen konnte. Und so war es jetzt auch nicht mehr ganz so abstrakt.

Wenn Sie mich heute fragen: „Haben Sie so etwas schon mal gemacht? Eine Rede bei einer Veranstaltung dieser Art ohne eine Präsentation gehalten?" Dann kann ich mit Nein antworten. Und auch dadurch sieht man, dass mir das Studium etwas gebracht hat: ich kann das ganz offen zugeben und lasse mich nicht dadurch verunsichern.

Somit kann ich für mich persönlich festhalten: Die Ziele des Studiums Sozialmanagement fundierte Managementkenntnisse zu vermitteln, die entsprechenden Handlungskompetenzen auszubauen und eine persönliche Weiterentwicklung zu fördern sind in meinem Falle erreicht worden.

Zu 3.

Eindeutig ja. Wir stehen im sozialen Bereich vor großen Herausforderungen, hier seien als Stichworte nur die Kürzungen der Sozialleistungen, der Fachkräftemangel, die Flüchtlingsthematik und die Veränderungen durch das Bundesteilhabegesetz genannt.

Diesen Herausforderungen kann man aus meiner Sicht nur mit entsprechend ausgebildeten Fachkräften begegnen. Allerdings möchte ich an dieser Stelle noch einmal betonen, wie wichtig es ist, die Basisarbeit kennengelernt zu haben, um entsprechende Entscheidungsprozesse kompetent zu begleiten.

Meine Tipps an die jetzigen Studenten:

- Eine gute Präsentation überzeugt!
- Nutzen Sie das Coaching!
- Geben Sie sich nicht so schnell mit einem „Nein" zufrieden, seien Sie auch mal unbequem, denn wir brauchen neue Ideen für den Umgang mit den Herausforderungen im sozialen Bereich!

„Generationen X,Y,Z"

Oder: „Nichts ist so beständig wie der Wandel"

Wibke Bittner

Alumna 2005, Mitglied des Managements, Volkswagen AG

Ein Bericht aus der Praxis zum 15-jährigen Bestehen des Masterstudienganges Sozialmanagement an der Ostfalia, Hochschule Braunschweig/Wolfenbüttel.

Während „Globalisierung" aus technischer, politischer oder umweltbezogener Sicht immer mehr zu einem UnWort wird, ist ein global ausgerichtetes „Open-mind-Set" für gelingende Auslandsentsendungen von Mitarbeitern und ihren Familien für international agierende Unternehmen und ihre Personaler unumgänglich.

Dieser „Mind-Set" ergibt sich aber nicht von selbst – neben dem Erwerb grundlegender Kompetenzen zur Personal- und Organisationsentwicklung ist es unerlässlich, stets das „Ohr an der Schiene" volatiler Bedürfnisse von im Ausland lebender Familien zu haben. Dafür müssen alle Mitarbeiter – unabhängig von Alter oder Status – in ihrer eigenen (interkulturellen) Entwicklung unterstützt werden, um Veränderungen frühzeitig zu erkennen und diesen professionell begegnen zu können.

Im Rahmen des Sozialmanagement-Studiums werden viele wichtige Kompetenzen vermittelt, u. a. Fähigkeiten und Fertigkeiten zum analytischen, diagnostischen und konzeptionellen Handeln, zur interdisziplinären Erklärung von Zusammenhängen und Strukturen, zur sozialen Rechnungslegung, zur Personal- und Organisationsentwicklung und nicht zuletzt zur konzeptionellen und strukturellen Innovation.

Darüber hinaus werden die persönlichen Kompetenzen erweitert und geschärft, um erfolgreich im unmittelbaren persönlichen Kontakt und in der Öffentlichkeit zu kommunizieren und zu interagieren, zur Reflexion und Innovation und um eine professionelle und persönlich begründbaren Ethik auszubilden. (1)

Um erfolgreiche Personalarbeit in einem multinationalen und multikulturellen Umfeld in Zeiten knapperer Budgets leisten zu können, sind alle diese Fähigkeiten und Fertigkeiten notwendig.

Im Folgenden soll anhand eines Anwendungs-Beispiels aus der Praxis erläutert werden, inwiefern die o. g. Kompetenzen zum Tragen kommen.

Mitausreisende Partner = Kritischer Erfolgsfaktor

„Ein Auslandseinsatz stellt nicht nur an den entsandten Mitarbeiter erhöhte Anforderungen, sondern an dessen mitausreisenden Partner sowie an die Paarbeziehung insgesamt.
Indem man die Partner der entsendeten Mitarbeiter unterstützt, schafft man Möglichkeiten zum internationalen Einsatz für alle Mitarbeiter des Volkswagen Konzerns." (2)

Pro Jahr beruft der Volkswagen Konzern rund 4.000 entsendete Mitarbeiter/innen an rund 100 Standorte weltweit. Diese werden begleitet von ungefähr 2.300 Partnern und ca. 2.500 Kindern. (3)

Aktuell stehen internationale Unternehmen vor Herausforderungen im Spannungsfeld von einer zunehmenden Zahl von s. g. „Dual Career Couples", da der klassische „trailing spouse", geschweige denn die mitreisende „Nur-Hausfrau" zumindest aus deutscher Sicht immer mehr abnimmt.

Darüber hinaus müssen verschiedenen Generationen mit unterschiedlichen Arbeits- und Denkweisen im HR-Alltag Berücksichtigung finden. Dies wird beim Recruitment, der Personalentwicklung oder für Vorgesetzte immer wichtiger, jedoch vor dem Hintergrund eines Auslandseinsatzes ganz besonders deutlich.

Es gilt, internationale Personaleinsätze von modernen Personalwesen weltweit so zu gestalten, dass sich mitausreisende Partner immer als Individuen mit eigenen Kulturhintergrund und persönlicher Biographie auch in einer schwierigen Situation, wie sie eine Auslandsentsendung emotional und biographisch unbestritten darstellt, gut betreut fühlen.

Zu einem gelungenen Auslandsaufenthalt gehören auch für den mitausreisenden Partner folgende grundsätzliche Leistungen vom Volkswagen Konzern, teilweise im Vorfeld der Ausreise, teilweise dann vor Ort im Gastland:

• Sprachunterricht
• Gesundheitscheck
• Pre-Assignment-Trip
• Heimflugbudget
• Interkulturelles Training
• Steuerberatung

- Berücksichtigung der Familiengröße beim Housing und der Mobilität am Gaststandort

Zusätzlich bei Bedarf: Impfungen, Visa, Krankenversicherung, Sicherheitsberatung, Individuelle Beratung.

Viele DAX-30-Unternehmen halten für mitausreisende Partner Unterstützung und/oder ein zusätzliches Budget bereit, das je nach Unternehmens-Philosophie ausgezahlt, zweckgebunden eingesetzt oder gegen Beleg erstattet wird. So auch der Volkswagen Konzern. Hier stehen dem Partner 15.000€ je s. g. „Long-term-Einsatz" (> 15 Monate) zur Verfügung, das für Aktivitäten rund um Beruf & Karriere, Studium & Qualifikation sowie Kultur & Ehrenamt gegen Belegprüfung genutzt werden können.

Die begleitenden Partner, von denen bei Volkswagen branchenüblich ca. 90 % Frauen sind, die ihre Männer auf einen Auslandseinsatz begleiten, bewegen sich innerhalb aller Alters- und Berufsgruppen.

Darüber hinaus gilt es in immer stärkerem Maße, die verschiedenen Generationen mit ihren Bedürfnissen, Ideen und Ansprüchen zu verstehen und ihnen individuell zu begegnen.

- Die Traditionalisten, geboren zwischen 1922 und 1955, haben das Ende des ersten Weltkriegs sowie den zweiten Weltkrieg in ihrer Kindheit und Jugend mitbekommen.
- Die Babyboomer, geboren zwischen 1955 und 1969, waren die erste Nachkriegsgeneration nach dem zweiten Weltkrieg, hat das Wirtschaftswunder erlebt und gehört zum geburtenreichsten Jahrgang.
- Die Generation X, geboren zwischen 1965 und 1980, auch Generation Golf genannt, wurde in ihrer Kindheit stark geprägt durch die Wirtschaftskrise und eine aufkommende Scheidungsrate.
- Die Generation Y, geboren zwischen 1980 und 2000, auch Gen Y oder Millennials genannt, sind die um die Jahrhundertwendegeborenen, die den Internetboom und die Globalisierung in vollen Zügen miterleben. Sie zeichnen sich im Gegensatz zu den Vorgängergenerationen durch ein hohes Bildungsniveau aus.

- Und schließlich die Generation Z, geboren zwischen 1995 und 2010, auch Generation YouTube genannt, die die Digitalisierung des Alltags komplett in ihr Leben eingebaut haben. (4)

So ist es nicht verwunderlich, dass neben dem Partner Support Budget, das allen Partnern zur Verfügung steht, die einen Mitarbeiter auf einen o. g. „Long-term-Einsatz" (> 15 Monate) begleiten, eine individuelle Beratung vor Ort im jeweiligen Gastland notwendig ist.

Eine solche Beratung umfasst eine Bestandsaufnahme der individuellen Ziele und Bedürfnisse, die die Partner für die Zeit im Ausland haben. Diese werden dann im Gespräch gegen die Möglichkeiten gespiegelt und die nächsten Schritte verabredet. Vielleicht müssen Dokumente übersetzt und auf Zulassung zum lokalen Arbeitsmarkt geprüft werden, wenn der Wunsch nach Arbeitsaufnahme besteht. Aber auch vorbereitende weitere Sprachkurse oder Zusatzqualifikationen die für den Beginn eines Studiums oder der Teilnahme an einer Weiterbildung notwendig sind, werden geprüft. Falls ein Partner den Wunsch nach ehrenamtlichem Engagement hegt, können lokale Organisationen und entsprechende Ansprechpersonen identifiziert werden.

Der entscheidende Mehrwert, der für die mitausreisenden Partner im Volkswagen Konzern geschaffen werden konnte, war die in 2012 eingeführte Kooperation mit den Auslandshandelskammern und dem strategischen Überbau durch den Deutschen Industrie- und Handelskammertag (DIHK).

„Die AHKs vertreten seit vielen Jahrzehnten die deutsche Wirtschaft, inzwischen an 120 Auslandsstandorten in 85 Ländern. Diese decken sich in weiten Teilen mit den Volkswagen-Standorten. Durch ihr umfangreiches Netzwerk mit weltweit mehr als 40.000 Mitgliedsunternehmen sind sie zudem bestens vernetzt und verfügen über ausgezeichnete Kontakte zu Unternehmen, Universitäten und sozialen sowie kulturellen Einrichtungen.
Verschiedene Gesetze in der Arbeitswelt, unterschiedliche Anforderungen bei Weiterbildungs- oder Studienbedingungen oder vielfältige ehrenamtliche Betätigungsfelder verlangen nach einem kompetenten Wegweiser. Volkswagen war es deshalb wichtig, die Deutschen Auslandshandelskammern (AHKs) als einen weltweit agierenden Business-Partner mit regionaler Vernetzung und lokaler Expertise zu gewinnen." (5)

In den jeweiligen AHKs kann jeder Perner eine Erst-Beratung, wie oben beschrieben, erhalten und es erfolgt dann eine Weitervermittlung an geprüfte Organisationen.

Nach einer internen Evaluation, diversen Gesprächen und Abstimmungsrunden zwischen den internationalen Standorten und Marken im Konzern konnte dann in 2012 an den „Top 10"-Standorten das Partner Support Programm eingeführt und in den Folgejahren erfolgreich ausgebaut werden.

Um ein solches Programm und eine entsprechende Kooperation weltweit auf-
zusetzen, bedarf es von Seiten des HR-Managements neben den bereits erwähnten
analytischen und konzeptionellen Kompetenzen vor allem interkulturelle Kommunikation und eine hohe Empathiefähigkeit. Und dies gilt sowohl im interkulturellen
Kollegen-Austausch wie auch für die Ansprache der mitausgereisten Partner.

Würdigung des Studiengangs

Ein nebenberufliches Studium muss zur erfolgreichen Umsetzung neben hervor-
ragenden aktuellen Inhalten und einer guten Betreuung von zwei weiteren Säulen
getragen werden: Studierbarkeit und persönlicher Motivation. Nur so lässt sich der
hohe persönliche Ressourceneinsatz für jede und jeden Einzelnen rechtfertigen
und ermöglicht es, mit einem langen Atem auf das angestrebte Ziel hinzuarbeiten.
Diese Verbindung ist an der Ostfalia sehr gut gelungen und führt hoffentlich auch
in der Zukunft zu beruflichen Weiterentwicklungen und erfolgreichen Karrieren.

Quellen

(1) www.ostfalia.de/cms/de/s/Studieninteressierte/fernstudiengang_sozialmanage-ment_mas-
ter/sozmanstudienziele.html; zuletzt besucht am 11.10.2016.
(2, 5) Partner Support Programm; Broschüre, Volkswagen AG, 2013.
(3) Volkswagen-Präsentation, 2016.
(4) www.absolventa.de, zuletzt besucht am 11.10.2016.

Sozialmanagement in der öffentlichen Verwaltung, passt nicht – gibt's nicht!

Jannis Mouratidis

Der öffentliche Dienst befasst sich mit vielfältigen und komplexen Tätigkeitsfeldern. Als bürgerorientierte Organisation sind die Wirkungskreise der einzelnen Arbeitsbereiche in hoheitliche Handlungsverflechtungen eingebunden und entsprechend gefordert. Zudem haben durch die Einführung der „Neuen Steuerungsmodelle" unternehmensähnliche Strukturen Einzug gefunden. Dies hat zur Folge, dass sich der öffentliche Sektor in einem dynamischen und komplexen Spannungsfeld zurechtfinden muss. „Es lassen sich Einflussfaktoren identifizieren, die als hauptsächliche Triebfelder dieser anspruchsvollen Situation angesehen werden können und als sogenannte „Megatrends" auf gesellschaftlicher, politischer und wirtschaftlicher Ebene veränderte Ansprüche an Organisationen im privaten und öffentlichen Sektor hervorrufen."[1]

Gerade auch unter den Gesichtspunkten von Störungsfaktoren wie z. B. sinkende Steuereinnahmen, veraltete Steuerungsmodelle, Fachkräftemangel, unattraktive Vergütung, usw. ist es umso bedeutender, das „Überleben" der öffentlichen Verwaltung durch Einführung bzw. Beibehaltung wirtschaftsähnlicher Strukturen sicherzustellen. Die Rede ist von „New Public Management". Die Neuen Steuerungsmodelle und andere Reformkonzepte werden als Maßnahme interpretiert den beschriebenen Veränderungsprozess in der öffentlichen Verwaltung etwas entgegenstellen zu können.[2]

Genau an diesem Punkt setzen die Lehren des Sozialmanagements an. Als spezialisiertes Handlungsfeld werden soziale Organisationen, Einrichtungen und Dienste abgesichert, was die Verbindung von wirtschaftlichen und sozialen Zielen anbelangt. Gerade der öffentliche Sektor profitiert aus der Kombination von sozialpädagogischer Kompetenz und betriebswirtschaftlichem Handeln. Zunehmend konnte in den letzten Jahren aktiv beobachtet werden, wie aus der wissenschaftlichen Randerscheinung

---

1 Gourmelon, Mroß, Seidel 2014, S. 1.
2 Schmidt und Kühl 2004.

eine eigenständige Profession entstanden ist. Trotz aller positiven Aspekte die die Professionalisierung und gesellschaftliche Anerkennung gebracht haben, muss schon wieder erneut ein Wandeln im Denken und Umsetzen der methodischen Handlungskompetenz erfolgen, denn die Einführung und Umsetzung der Neuen Steuerungsmodelle im öffentlichen Sektor haben den gewünschten Veränderungsprozess nicht herbeiführen können. In der praktischen Umsetzung offenbarte sich, dass das kommunalpolitische Dreieck (Bürger, Verwaltung, Politik) nicht alle Bereiche der öffentlichen Verwaltung erreichen konnte, was schnell zu einer Entzauberung des Reformeifers geführt hat. Gourmelon, Mroß und Seidel führen einige Beispiele auf, die die vorausgegangene Aussage bekräftigen. Unter anderem wurde deutlich, dass die Idee der Bürgerkommune gegen die allgemein gesellschaftliche Politikverdrossenheit wenig bewirkt hat. Ebenfalls sind nicht alle Verwaltungsmaßnahmen konsensfähig, sondern bedürfen der klaren hierarchischen Vorgabe um Zielstellungen zu erreichen.[3]

Die Mitarbeiter des öffentlichen Sektors müssten sich zur Aufgabe machen, die begonnenen Veränderungsprozesse aktiv weiterzuführen und die bestehenden Probleme zu benennen und Lösungsansätze zu finden. Dieser Weg wird ebenfalls eine große Zeitspanne umfassen, schon alleine dadurch, dass die Einführung der Neuen Steuerungsmodelle mehr als ein Jahrzehnt benötigt hat. Es Bedarf Konzepte, die sich unter anderem mit den Problemfeldern der Bürgerbeteiligung, Parteienwettbewerben, hierarchischen Strukturen und des Fachkräftemangels auseinandersetzen. Gerade letzteres wird in den nächsten Jahren den öffentlichen Sektor vor massive Herausforderungen stellen, da er einerseits mit demographischen Problemen zu tun hat, andererseits fehlt das konkurrenzfähige Einkommen zur Privatwirtschaft. Letztlich bleibt festzuhalten, dass sich der öffentliche Dienst seiner Stärken bewusst machen muss, was bedeutet zukunftsorientierte Strukturen und Organisationsformen zu nutzen, welche das starre bürokratische Denken und Handeln aufweichen und neue Ressourcen in Makro-, Meso- und Mikromanagement generieren. Die Entwicklung bleibt im Allgemeinen abzuwarten.

Literatur

Schmidt, M., & Kühl, S. (2004). *Die Wirkung von Qualitätsmanagement-Systemen in sozialwissenschaftlichen Unternehmen unter Berücksichtigung mikropolitischer Aspekte.* Dissertation Universität Duisburg-Essen.
Gourmelon, A., Mroß, M., & Seidel, S. (Hrsg.). (2014). *Management im öffentlichen Sektor: Organisationen steuern – Strukturen schaffen – Prozesse gestalten.* Heidelberg: Rehm.

---

3   Gourmelon, Mroß, Seidel, a. a. O.

Entwicklung des Public Managements in der Kommunalverwaltung am Beispiel des Umgangs mit Flüchtlingsströmen und Attentaten in Deutschland

Andrea Tabatt-Hirschfeldt

In dem Beitrag wird einleitend der Werdegang der Autorin als Alumna der Hochschule Ostfalia, Hochschule für angewandte Wissenschaften dargestellt. Inhaltlich geht es darum, drei verschiedene Steuerungsverständnisse kommunaler Verwaltungen aufzuzeigen, um einerseits Sozialarbeitsabsolvierenden den Einstieg in die Kommunalverwaltung als Arbeitgeber zu erleichtern. Andererseits, um Anschlussfähigkeiten zu der finanziellen Vergabeinstanz bei freien Trägern zu vereinfachen. Die drei verschiedenen kommunalen Selbstverständnisse werden exemplarisch am politischen Umgang mit Flüchtlingsströmen bzw. Amokläufen von Asylbewerbern aus der jüngsten Vergangenheit aufgezeigt. Mit dem Projekt „finding places" der Stadt Hamburg wird ein best practice Beispiel für Public Governance dargelegt. Schließlich stellt sich die Frage an SozialmanagerInnen nach der richtigen Mischung der kommunalen Leitbilder im Umgang von Flüchtlingen sowie der Bedarf an politischer Einmischung.
Werdegang Andrea Tabatt-Hirschfeldt: der Weg von der Sozialarbeit zur Professur.
Als Master-Absolvierende des Studiengangs Sozialmanagement an der Hochschule Ostfalia darf ich zunächst meinen Werdegang vorstellen:

- 1987-1991: Studium Sozialpädagogik / Sozialarbeit
- 1991-28.02.2009: Stadt Braunschweig, Fachbereich Soziale und
  Gesundheit
- 2002- 2005: Weiterbildender Studiengang Sozialmanagement
- 2005-2008: Promotion, Uni Hamburg
  „Chancen und Hindernisse für die wirksame Implementierung der
  Leistungsorientierung in der Kommunalverwaltung"
- Seit 2009: Professur für Organisationslehre, Sozialwirtschaft und
  Sozialmanagement, HS Coburg
- Mitgliedschaften: BAGSMW, INAS, Vertrauensdozentin HBS
- SoSe14: Forschung Verzahnung Studiengänge Sozialmanagement
  und Public Management
- 05/2015: Bildung Kerngruppe Verzahnung Sozial- und
  Publicmanagement (BAGSMW)

Abb. 1   Werdegang Andrea Tabatt-Hirschfeldt (eigene Darstellung)

Das Diplomstudium Sozialer Arbeit/ Sozialpädagogik habe ich an der Ostfalia, damals noch am Standort Braunschweig absolviert. Wie ich finde ein sehr guter Standort in einem Sozialen Brennpunkt gelegen. Im Anschluss habe ich bis zum Jahr 2009 bei der Stadt Braunschweig in verschiedenen Arbeitsfeldern im Jugend- und Gesundheitsamt gearbeitet. Nach 15 Jahren Sozialer Arbeit hatte ich Lust auf Weiterentwicklung und theoretischen Input. Den Studiengang Sozialmanagement hatte zu dieser Zeit erst ein Durchlauf von Studierenden absolviert, das Thema klang für mich neu und innovativ. Zudem strebte ich eine vertikale Weiterentwicklung im Sinne einer Führungsposition an. Schon bei der ersten Hausarbeit merkte ich, dass mir wissenschaftliches Arbeiten Spaß macht, insbesondere mich in ein Thema zu vertiefen. An dieser Stelle möchte ich meinen besonderen Dank Herrn Prof. Dr. Gotthard Schwarz ausdrücken, der mich bereits im zweiten Semester ermutigte, eine wissenschaftliche Karriere anzustreben. Im Laufe des Studiums merkte ich dann auch, dass mir dies möglicherweise eher liegt, als eine Führungsposition in der kommunalen Sozialverwaltung. Nach Absolvierung des Masterstudiums bot mir Prof. Dr. Ludger Kolhoff einen Lehrauftrag an der Ostfalia an. Auch ihm möchte ich an dieser Stelle besonders danken! Ich hatte mich gerade erst wieder in die Rolle der Studierenden eingefunden, da fiel es mir erst mal schwer, in die Rolle der Lehrenden zu schlüpfen. Herr Prof. Dr. Kolhoff meinte dazu: „Na, dann wissen sie doch am besten was sie erwarten und können jetzt gut darauf eingehen!" – das fand ich überzeugend.

Einen Professor für eine Promotion an einer Universität zu finden war nicht ganz leicht, zumal Masterabsolvierende von Hochschulen für angewandte Wissenschaften die Promotionen anstrebten, die im Jahr 2005 noch relativ neu waren. Nach einem Fehlversuch bahnte mir Prof. Dr. Herbert Bassarak über seine Kontakte zur Hans-Böckler-Stiftung den Weg – auch ihm gilt an dieser Stelle mein ausdrücklicher Dank! So konnte ich meine Promotion an der Uni Hamburg, Fakultät für Wirtschafts- und Sozialwissenschaften beginnen. Mein Doktorvater, Prof. Dr. Heinrich Epskamp hatte sich dafür eingesetzt, dass ich keine Seminare mehr an der Uni belegen musste. Ich habe ihn selber immer als wertschätzend mir gegenüber als Sozialarbeiterin und Fachhochschul-Absolventin erlebt – was keinesfalls selbstverständlich ist. Hierfür, und auch für seine Hilfestellungen während der Erstellung der Dissertation sowie in Vorbereitung auf die Disputation, bin ich besonders dankbar! Nach Abschluss der Doktorarbeit konnte ich relativ schnell den Ruf für eine Professur für Sozialmanagement an der Hochschule Coburg erhalten. Um in der neuen Berufswirklichkeit Fuß zu fassen, haben mir die Mitgliedschaften in verschiedenen Netzwerken geholfen, in die ich eingeladen wurde. So die Hans-Böckler-Stiftung sowie die wissenschaftlichen Communities (Bundesarbeitsgemeinschaft Sozialmanagement/Sozialwirtschaft, BAGSMW und Internationale Arbeitsgemeinschaft Sozialmanagement/Sozialwirtschaft, INAS). Danke dafür an Prof. Dr. Herbert Bassarak und Prof. Dr. Ludger Kolhoff! Ich habe immer ein besonderes Augenmerk auf das Public Management in der kommunalen Sozialverwaltung gelegt, weil ich hier meine Berufserfahrung als Sozialarbeiterin gesammelt hatte. Daher habe ich mich in meinem Forschungssemester (Sommersemester 2014), mit den Möglichkeiten der Verzahnung der Studiengänge Sozial- und Publicmanagement beschäftigt und interessante Impulse für die integrative Weiterentwicklung erhalten (nachzulesen: „Den Wohlfahrtsmix steuern? – Impulse zur Weiterentwicklung von Public Management und Sozialmanagement aus empirischer Perspektive", http://www.paulo-freire-verlag.de). Im Jahr 2015 ist die BAGSMW dem sich immer weiter ausdifferenzierenden Feld der Sozialwirtschaft und des Sozialmanagements mit der Bildung von thematischen Kerngruppen begegnet. Hier konnte ich eine Kerngruppe „Verzahnung von Sozial- und Publicmanagement" institutionalisieren. Derzeit wird der Austausch aktueller Forschungsergebnisse zu diesem Themenfeld geplant.

Im Rückblick muss ich sagen, dass es schon sehr kräftezehrend war neben einer Vollzeitbeschäftigung, ein Fernstudium und eine Promotion zu schultern. Bei allem Interesse an der Sache ist m. E. das Gelingen maßgeblich von Wegbereitern abhängig.

Wie entwickelt sich und wie „tickt" die Kommunalverwaltung?

Zu Beginn meiner thematischen Ausführungen möchte ich den LeserInnen nahe bringen, weshalb sie sich mit der Entwicklung des Public Managements in der Kommunalverwaltung beschäftigen sollten. Je nach Statistik finden ca. 25 % der Hochschul-AbsolventInnen der Sozialen Arbeit ihre Anstellung in der kommunalen Sozialverwaltung.[1] Daher sollte man sich für die Entwicklungen bei diesem großen Arbeitgeber auf dem Laufenden halten. Ferner haben die öffentlichen Träger als Vergabeinstanz und Finanzierer von sozialen Dienstleistungen eine herausragende Bedeutung für die frei-gemeinnützigen und privat-gewerblichen Träger. Für sie gilt es, ein vertieftes Verständnis über Kommunalverwaltungen zu entwickeln, um Anschlussfähigkeiten herstellen zu können. Durch die Kenntnis kommunaler Entwicklungen können ferner Impulse zu Weiterentwicklungen gesetzt werden.

Die Entwicklung der Kommunalverwaltungen in Deutschland folgt im zeitlichen Verlauf im Wesentlichen drei Leitbildern:

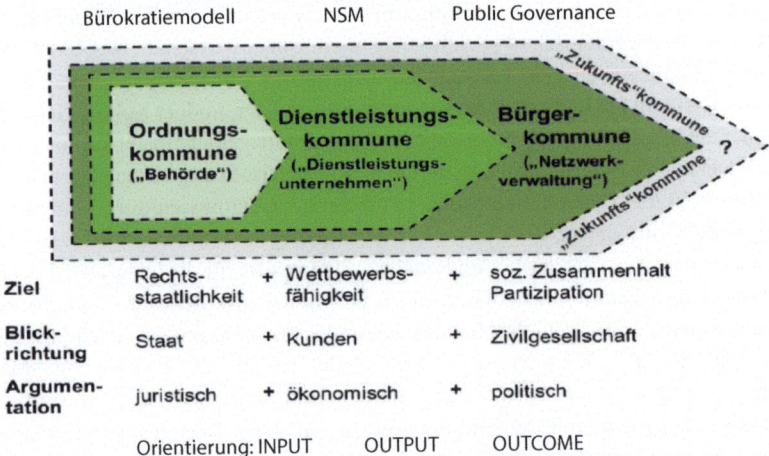

Abb. 2   Entwicklung kommunaler Leitbilder (ergänzte Darstellung, KGSt-Bericht 5/2013, S. 10)

---

1   Vgl. Dahme et al. 2005; Hammer 2012; Statistisches Bundesamt 2015.

Die originäre Verwaltung folgt dem Weberschen Bürokratiemodell als Idealtyp legitimer Herrschaft. Die klassische Behörde zielt auf Rechtsstaatlichkeit ab und reguliert sich stark formal über Gesetze, Dienstanweisungen sowie starre Abfolgen. Aufbau- wie Ablauforganisation sind stark untergliedert, kleinschnittige Zuständigkeiten schotten eine ganzheitliche Aufgabenwahrnehmung ab. Wo immer die Kommunalverwaltung im Bürokratiemodell an ihre Grenzen stößt, fordert sie ein Mehr an Input von Ressourcen wie mehr Regulierung, mehr Personal, mehr Geld etc. Während der 1990-ger Jahre wurden im Zuge einer neoliberalen Politik unter der rot-grünen Regierung die Agenda 2010 entwickelt und Sozialgesetze entsprechend geändert. In dieser Zeit wurde auch das Neue Steuerungsmodell (NSM) für die moderne Verwaltung publik. Unter dem neuen Leitbild eines Dienstleistungsunternehmens sollte die Kommunalverwaltung wettbewerbsfähig werden, Effizienz und Effektivität kommunaler Produkte und Leistungen wurden zum Gegenstand der Betrachtung, der Bürger sollte als Kunde wertgeschätzt werden. Im NSM wird der Output zur Richtschnur, die Bedarfe der Wirtschaft, der Kunden etc. sollen befriedigt werden. Auf der Kritik bezüglich der betriebswirtschaftlich einseitigen Ausrichtung und der Binnenorientierung des NSM fußend, wird Public Governance im neuen Jahrtausend zunehmend zum attraktiven Leitmotiv. Mitbestimmung und Ressourcen der kommunalen Stakeholder halten bei Durchführung und idealerweise auch schon Planung, Einzug in kommunale Verwaltung. Als wesentliches Kriterium gilt hier die Wirkung, der Outcome gemeinschaftlicher Leistungen. Kritisiert wird in diesem Zusammenhang der Rückzug der Verwaltung aus ihrer Verantwortung und das Ausnutzen zivilgesellschaftlichen Engagements bzw. der Einfluss unternehmerischer Lobbyisten. Nicht zuletzt auch seitens der Sozialwissenschaft.[2]

Allerdings wäre es verkürzt und nicht realistisch, die Leitbilder und Steuerungsmodi der Kommunalverwaltung ausschließlich als eine zeitliche Abfolge zu betrachten. Tatsächlich haben sie verschiedene Einflusssphären und wirken nebeneinander bzw. ergänzen sich gegenseitig. Mayntz verdeutlichte bereits 2004: „Die Schwerpunktverlagerung hin zu Koordinationsverhandlungen" verlangt „keine direkte imperative Verhaltenssteuerung... aber trotzdem Eingriffe in die Machtbeziehungen zwischen gesellschaftlichen Gruppen und schließt auch eine autoritative Prioritätensetzung bei konkurrierenden Forderungen ein. Staatliche Machtausübung und Verhandlung wirken mithin nebeneinander und sie ergänzen sich fallweise sogar.[3] Dies hat unterschiedliche Gründe: Zunächst einmal müssen sich die Fraktionen darauf einigen, welche Politikfelder sie für eine breiter angelegte Diskussion öffnen wollen. Ferner sind nicht alle kommunalen Themen für eine breit

---

2   z. B. Seithe 2010.

3   Mayntz, in: Benz 2004, S. 72.

angelegte Öffentlichkeit von Interesse. Governancefähig können indes aber auch spezielle Themengebiete sein, bei denen ExpertInnen ihre Expertise einbringen. Allerdings sind nicht alle kommunalen Aufgaben governancefähig, weil im Falle des von Bund bzw. Bundesland übertragenen Wirkungskreises die Art und Weise der Leistungserstellung vorgegeben sind. So lässt sich z. b. weder diskutieren wie der Personalausweis zu gestalten ist, noch welche Regelsätze für SGB II-Leistungen gelten. Auch stößt Public Governance in dem Fall an seine Grenzen, wo sich divergierende Interessen verschiedener Stakeholder nicht ausgleichen lassen. So wird die Kommunalverwaltung nach Abwägung der verschiedenen Argumente schließlich eine Entscheidung treffen und diese durchsetzen müssen. Dabei unterliegt sie selber dem Paradox keinesfalls neutrale Instanz zu sein, sondern ist selber Interessensgeleitete. Wie wird sie sich z. B. wohl entscheiden, wenn es um den Streit der Nutzung eines brach liegenden Grundstückes handelt, um das sich ein großes Wirtschaftsunternehmen, welches hohe Gewerbesteuern an die Kommune zahlt, und eine private Naturschutz-Initiative streiten?

Darlegung der Selbstverständnisse/Steuerungsmodi anhand des Umgangs mit Flüchtlingsströmen/Attentaten

Die Darlegung der drei aufgezeigten Selbstverständnisse bzw. Steuerungsmodi sollen anhand des Umgangs mit Flüchtlingsströmen und Attentaten durch Flüchtlinge bzw. Menschen mit Migrationshintergrund in der jüngsten Vergangenheit erläutert werden. So wurden im Juli 2016 in Bayern verschiedene Gewalttaten verübt. Zur Erinnerung:

- 18.07. Axt Angreifer in einem Regionalzug bei Würzburg: Ein 17-jähriger afghanischer unbegleiteter männlicher Flüchtling agiert im Auftrag des Islamischen Staates.
- 22.07. Amoklauf im Münchner Olympia-Einkaufszentrum: Ein 18-jähriger Deutsch-Iraner schießt um sich, verletzt 35 Menschen, tötet 9 Menschen und sich selbst. Der Täter hat sich zuvor intensiv mit Amok beschäftigt (reiste nach Winnenden etc.), litt an Depressionen und sozialen Phobien (war in ambulanter und stationärer Behandlung). Möglicherweise deutet dies auf eine misslungene Integrationsgeschichte hin.
- 24.07. Reutlingen: Ein 21-jähriger Asylbewerber aus Syrien schlägt mit einer Machete um sich. Es handelt sich um eine Beziehungstat, er tötet seine polnische, schwangere Freundin. Er verletzt aber auch fünf Passanten.

• 24.07. Bombenattentat Ansbach: Ein 27-jähriger Syrer hat einen Sprengstoffanschlag am Eingang eines Musikfestivals verübt (Quelle: Pressemitteilungen).

Die CSU reagierte mit verschiedenen Forderungen, wie der nachträglichen Überprüfung bereits eingereister Flüchtlinge, wirksame Grenzkontrollen zur Bekämpfung des Terrorismus sowie der personellen Aufstockung bei der Polizei (www.tagesschau.de, 26.07.16). Sämtliche Forderungen lassen sich dem Bürokratiemodell zuordnen, weil mehr Input gefordert wird (mehr Überprüfung, mehr Kontrolle, mehr Personal). Der Bundesinnenminister forderte zwar auch die Anordnung verstärkter Streifen der Bundespolizei an Flughäfen und Bahnhöfen mit Schutzwesten und deutlich sichtbaren Waffen, sowie die Schleierfahndung an den Grenzen. Beides bedeutet ebenso mehr Input und ist so eine bürokratische Reaktion. Allerdings forderte de Maizière die Bevölkerung zur Besonnenheit auf mit dem Statement „Wir sollten unser freiheitliches Leben weiterleben... und unser Verhalten nicht völlig ändern.» (www.tagesschau.de, 25.07.16). Er zielt auf die Wirkung in Bezug auf die Bevölkerung ab und appelliert auf Bedacht. Dieses ist dem Outcome und damit dem Governance zuzuordnen.

CSU und CDU legten im Verlauf der politischen und gesellschaftlichen Diskussion schließlich gesonderte Konzepte vor:

Das CSU-Konzept „Sicherheit durch Stärke" beinhaltet das Thema Sicherheit durch starke Polizei, Justiz und Verfassungsschutz. D. h. besseren Schutz der Polizei durch besondere Helme, neuartige Schutzwesten und gepanzerte Fahrzeuge. Es soll mehr Polizisten geben sowie die Ausweitung der Vorratsdatenspeicherung[4]. Diese Maßnahmen erfordern alle mehr Input, sie sind daher im Bürokratiemodell zu verorten. Zudem soll Zuwanderung begrenzt werden durch die Verbesserung der Lebensperspektiven in Heimat- und Nachbarländern. Wie dies geschehen soll bleibt indes offen, daher lässt sich kein Steuerungsmodus zuordnen. Ferner beinhaltet das CSU-Konzept Integration und Prävention. Hier sollen „Präventionsstrukturen aufgebaut werden, um islamistischer Radikalisierung vorzubeugen und ein Krisendienst für Menschen in psychischen Notlagen ins Leben gerufen werden" (ebd.). D. h. man reagiert mit verbesserten, verschlankten Strukturen, was dem NSM entspricht. Die Verantwortung für die Integration wird klar bei den Flüchtlingen gesehen. Dies ist ebenso dem Kundenbegriff des NSM ähnlich, da dieser souverän und eigenverantwortlich agiert. In einem kurzen Exkurs sei angemerkt, dass der Kundenbegriff in der Sozialen Arbeit besonders umstritten ist, weil er eine neoliberale Umformung bedeutet. So ist die Eigenverantwortung z. B. „in der lebensweltorientierten Sozialen Arbeit ein wichtiger Begriff". Allerdings wird die

---

4   www.csu.de 2016.

Bedeutung „in der neosozialen Praxis insofern konterkariert, als hier die Menschen auf sich alleine zurückgeworfen werden und ihnen die alleinige Verantwortung für ihre Probleme und Bewältigungsschwierigkeiten zugewiesen wird".[5]

Der 9 Punkte Plan der CDU gibt die Antwort auf das „Wie" zu Merkels berühmten Satz „Wir schaffen das!". Die einzelnen Punkte lassen sich den drei verschiedenen Selbstverständnissen der Verwaltung zuordnen:

- Ein Mehr an Input (Bürokratiemodell) wird in den Punkten personelle Aufstockung sowie technische Verbesserungen vorgesehen. Ferner vermehrte Übungen für terroristische Großlagen, „bei der unter Führung der Polizei auch die Bundeswehr eingebunden werden könne"[6]. Mehr Gesetze werden in Form der schnellstmöglichen Verabschiedung des neuen europäischen Waffenrechts gesehen und des nationalen Verbots des online-Handels und -kaufs von Waffen.
- Weitere Maßnahmen lassen sich dem NSM als unternehmensähnliche Umformungen beiordnen. Wie der schnellstmögliche Aufbau der beschlossenen, zentralen Stelle für Informationstechnik im Sicherheitsbereich zur Entschlüsselung der Internet-Kommunikation. Auch die Kooperation europäischer Nachrichtendienste zur schnellstmöglichen Vernetzung bestehender Dateien zielt auf effizientere Strukturen ab. Auch mithilfe verstärkter Rückführungsanstrengungen werden die Kosten gesenkt.
- Eine höhere Wirkung (Governance) lässt sich durch Prävention, wie einem verbesserten Frühwarnsystem erzielen, um frühestmögliche Aktivität der Behörden zu gewährleisten, sobald sich Hinweise auf Radikalisierungen bei Asylverfahren bzw. Integrationsmaßnahmen ergeben. Zudem soll die Kooperation mit europäischen Nachrichtendiensten verstärkt werden, um das Kommunikationsverhalten der Täter besser zu analysieren. Schließlich sollen alle Forschungsvorhaben zum islamistischen Terror und zur Radikalisierung von Menschen unterstützt und ggf. ausgeweitet werden.

Public Governance Beispiel auf kommunaler Ebene

Als best practice Beispiel für kommunale Governance wird das Projekt „finding places" vorgestellt: Bei dem Kooperationsprojekt der Stadt Hamburg und HafenCity Universität Hamburg wurden die BürgerInnen aufgefordert, geeignete Flächen für

5   Seithe 2015, S. 16.
6   www.n24.de.

die Unterbringung von Flüchtlingen zu finden. Am 11.05.2016 wurde das Modell öffentlich vom Oberbürgermeister vorgestellt und zur Teilnahme aufgerufen (Laufzeit: 26.05.-15.07.2016). Der Ansatz ist auch innerhalb der Verwaltung interaktiv, so dass VertreterInnen der verschiedenen Ämter rund um die Thematik der Unterbringung von Flüchtlingen gemeinsam informierten (Behörde für Inneres und Sport (BIS); Behörde für Arbeit, Soziales, Familie und Integration (BASFI); Zentraler Koordinierungsstab Flüchtlinge (ZKF, gemeinsamer Stab von BIS und BASFI). In den unterschiedlichen Stadtteilen haben die Teilnehmenden konkrete Flächen anhand von interaktiven Stadtmodellen (CityScopes) vorgeschlagen. Am häufigsten wurde über öffentliche Grünflächen diskutiert. Ferner bestand eine Tendenz zu dezentralen, kleineren Unterkünften. Wobei andererseits für größere Unterkünfte (bis zu 500 Bewohnerinnen) sprach, dass für Angebote durch Ehrenamtliche eine gewisse Mindestanzahl von Flüchtlingen erforderlich ist (z. B. Fahrradwerkstatt). Mehrfach wurden zur Integrationsförderung Flächen in der Nähe sozialer Infrastruktur und Verkehrsinfrastruktur vorgeschlagen. Zudem wurde angeregt, bereits bei der Planung von Neubaugebieten Wohnungen für Flüchtlinge einzuplanen. Die bei den verschiedenen Workshops diskutierten Vor- und Nachteile, Vorschläge und Empfehlungen wurden dann zur Prüfung an die Stadt geschickt. Diese prüfte die insgesamt 161 vorgeschlagenen Flächen auf tatsächliche Verfügbarkeit (z. B. aktuelle Nutzung durch Sport- und Freizeit-aktivitäten, landwirtschaftliche Pachtverträge etc.). Ferner die Bebaubarkeit auf bau-und planungsrechtlicher Grundlage (z. B. Ist eine Anlage für soziale Zwecke mit wohnähnlichem Charakter zulässig?), sowie wirtschaftliche Nutzbarkeit (steile Hanglagen, unsicherer Baugrund etc.) und Erschließung (Straßenanbindung, Wasserversorgung, Strom usw.). Schließlich wurde die Nutzbarkeit für wohnähnliche Einrichtungen geprüft (Ausschlusskriterien: gesundheitsgefährdender Lärm z. B. durch Flugzeuge, gesundheitsgefährdende Schadstoffbelastung oder fehlende Infrastruktur wie Erreichbarkeit öffentlicher Verkehrsmittel, fußläufige Nahversorgung, KiTas und Schulen etc.). Am 15.09.2016 fand die öffentliche Präsentation der Ergebnisse und Diskussion statt. 44 der geprüften Flächen zeigten sich als geeignet, 18 davon erscheinen grundsätzlich realisierbar, für 5 Flächen wurde eine Umsetzung empfohlen. Sie liegen in vier verschiedenen Stadtteilen und weisen mehr als 600 Unterbringungsplätze auf. Das jeweilige Bezirksamt und der Zentrale Koordinierungsstab Flüchtlinge (ZKF) informieren im weiteren Verlauf interessierte BürgerInnen in den Stadtteilen über konkrete Bebauungsvorschläge für die Flächen.

Frage an SozialmanagerInnen: die richtige Mischung?

Die Frage die sich für die Intervention durch SozialmanagerInnen stellt, ist die richtige Mischung der Steuerungsmodi beim Umgang mit den Flüchtlingsströmen und Attentaten. Einerseits geht es um den Schutz der Bevölkerung, die ein Leben in Sicherheit frei von Ängsten führen soll. Andererseits geht es um die Frage, wie Integration schnellstmöglich gelingen kann, damit es gar nicht erst zur Radikalisierung von Flüchtlingen kommt.

Ein Beispiel für ein Präventionsangebot ist dass der Gießener Kriminologin Britta Bannenberg: Sie hat Motive junger Männer untersucht, die seit den 90-ger Jahren Amoktaten in Deutschland verübten. Alle wiesen ein Motivbündel aus Wut, Hass und Rachegedanken, das zunächst nicht radikal begründet war, auf. Sie fühlten sich gedemütigt und schlecht behandelt. Im April 2015 hat Bannenberg ein interdisziplinäres Präventionsangebot gegründet. Über eine Telefonnummer können Lehrer, Freunde, Eltern etc. anrufen, wenn sie Radikalisierungstendenzen bei Jugendlichen befürchten. 2/3 der Anrufe führten zu Ermittlungen. Teils stellte die Polizei Schutzwaffen bei den Jugendlichen sicher.[7]

Gegenüber Prävention dauert Deradikalisierung deutlich länger. Der Sozialarbeiter und Religionspädagoge Andre Taubert arbeitet in dem Deradikalisierungsprojekt „systemische Ausstiegsberatung". Seiner Erfahrung nach ist Deradikalisierung ein sehr langer Prozess, bei dem die Betroffenen Zeit brauchen, um Werte wie Respekt oder Selbstachtung (wieder) zu entdecken und gesunde soziale Beziehungen aufzubauen (ebd.).

Fazit: Gegen Ideologien kann man keine Mauern bauen!

Ideologien lassen sich nicht mit Mauern bekämpfen. Aus Sicht des NSM stellt sich auch die Frage der Effizienz der Maßnahmen: Möglicherweise sind inputorientierte Bürokratiemaßnahmen, wie mehr Polizei, höherer Schutz, vermehrte rechtliche Hürden, höherer Grenzschutz oder mehr Überwachung letztlich teurer als Präventionsmaßnahmen oder niederschwellige Integration (Governance), durch die sich die zudem Schutzmaßnahmen reduzieren ließen. Schließlich geht es auch um den Erhalt von Freiheitsrechten und den Schutz vor Überwachung der gesamten Bevölkerung, die der Preis stärkerer Schutzmaßnahmen wären. Zudem ist zu bedenken, dass es keinen umfassenden Schutz gibt und stets ein Restrisiko bleibt. Letztlich bedarf es

---

7   Der Spiegel 32/2016.

der Bekämpfung der Ursachen durch Prävention und Integration ebenso wie der Bekämpfung der Auswirkungen durch den Schutz der Bevölkerung. Auf beiden Ebenen sollten SozialmangerInnen agieren um einen höchstmöglichen Nutzen zu generieren. Schließlich geht es darum, dass SozialmanagerInnen politisch aktiv werden und auf den Bedarf von Prävention aufmerksam machen. So wird Berlin ab dem Jahr 2017 860.000 Euro für Deradikalisierungsprojekte investieren. NRW verdreifachte dieses Jahr die Mittel für Salafismus-Prävention. Demnächst wird es eine Koordinationsstelle auf Bundesebene geben, die einen Überblick über die verschiedenen Programme und Projekte der Präventionsarbeit zur Radikalisierung bietet.[8]

Literatur und Quellen

Benz, A. (2004). *Governance – Regieren in komplexen Regelsystemen*, 1. Auflage. Wiesbaden: VS Verlag für Sozialwissenschaften.

CSU (2016). Sicherheit durch Stärke. www.csu.de/aktuell/meldungen/juli-2016/sicherheit-durch-staerke/. Zugriff am 28.07.2016.

Dahme, H.-J., Kühnlein, G., Wohlfahrt, N., & Burmester, M. (2005). *Zwischen Wettbewerb und Subsidiarität – Wohlfahrtsverbände unterwegs in die Sozialwirtschaft*. Hans-Böckler-Stiftung (Hrsg.): edition sigma.

Hammer, V. (2012). Hochschule Coburg 27.03.2012, Statistisches Bundesamt 2007, 2008 und 2010: Mikrozensus-Sonderauswertungen für die Hochschule Coburg, Bonn.

KGSt-Bericht (2013). *Das kommunale Steuerungsmodell 5/2013*, KGSt (Hrsg.), Köln.

N24 (2016). Neun-Punkte-Plan von Angela Merkel – So will die Kanzlerin für mehr Sicherheit sorgen. www.n24.de/n24/Nachrichten/Politik/d/8899118/so-will-die-kanzlerin-fuer-mehr-sicherheit-sorgen.html. Zugriff am 28.07.2016.

Seithe, M. (2010). *Schwarzbuch soziale Arbeit*. Wiesbaden: VS Verlag für Sozialwissenschaften.

Seithe, M. (2015). Veränderte Sprache und veränderte Soziale Arbeit – Was bedeuten Begriffe für das professionelle Handeln und Denken? In: *Forum Sozial* 2/2015, S. 11-19, Zeitschrift des DBSH.

Seithe, M., Morina, J., & Glöckner, A. (2015). Bonn eXperimental System (BoXS): An open-source platform for interactive experiments in psychology and economics. In: *Behavior Research Methods*. DOI: 10.3758/s13428-015-0660-6.

Der Spiegel (2016). Jetzt bin ich wieder der Looser, *Der Spiegel* Nr. 32/2016, S. 28 -32.

Statistisches Bundesamt (2015). Gesundheit Grunddaten der Krankenhäuser, Statistiken der Kinder- und Jugendhilfe, Pflegestatistik, Distatis 2015.

www.tagesschau.de/inland/konsequenzen-anschlaege-101.html , Konsequenzen aus Gewalttaten – Bundespolizei soll sichtbarer werden, Zugriff am 25.07.16.

www.tagesschau.de/inland/debattesicherheitsmassnahmen-101.html, Zugriff am 26.07.16.

---

8   Der Spiegel a. a. O.

III
Anlagen

I   Tagungsankündigung

Ostfalia
Hochschule für angewandte
Wissenschaften

Masterstudiengang

Sozialmanagement

Am SA, 24.09.2016 ab 10.00 Uhr, R. 147
an der Fakultät Soziale Arbeit in Wolfenbüttel

Seit 2001 erlangten 260 Studierende im Rahmen des Fernstudienganges Sozialmanagement den akademischen Grad

Master of Social Management (M.S.M.)

an der Fakultät Soziale Arbeit in Wolfenbüttel.

Ein großer Erfolg für die Hochschule aber insbesondere auch für die Absolventinnen und Absolventen. Einem überwiegenden Teil von Ihnen erschlossen sich durch den Abschluss neue berufliche Perspektiven.

15 Jahre Master Sozialmanagement an der Ostfalia, Hochschule BS/ Wf
– eine Zwischenbilanz

lautet das Motto der Tagung, die neben dem allgemeinen Gedanken- und Erfahrungsaustausch interessante Vorträge von Experten und Absolventen bietet.

Alle Ehemaligen sowie alle Interessierten sind herzlich eingeladen!
Ostfalia, Hochschule für Angewandte Wissenschaften, Am Exer 6, 38302
Wolfenbüttel
Dipl.-Kfm. Michael Vollmer Tel.: 0531 93937225 Email: m.vollmer@ostfalia.de
www.ostfalia.de

15 Jahre Master Sozialmanagement an der Ostfalia, Hochschule BS/ Wf – eine Zwischenbilanz

10.00	**Prof. Dr. R. Karger,** Präsidentin der Ostfalia Grußwort
10.15	**Prof. Dr. S. Brombach,** Dekanin der Fakultät Soziale Arbeit Grußwort
10.30	**K. Rühland,** stellvertretende Bürgermeisterin der Stadt Wolfenbüttel Grußwort
10.45	**Prof. Dr. L. Kolhoff,** Studiengangleiter Einführung in die Tagung
11.00	**Prof. Dr. G. Schwarz,** München Sozialmanagement zwischen notwendiger Modernisierung der Marktökonomie und sozialer Reformpolitik – eine Zwischenbilanz
11 30	**Pause**
12.00	**Dipl.-Kfm. M. Vollmer** 15 Jahre Master Sozialmanagement aus der Sicht eines „*Verwalters*"
12.30	**Prof. R. Bender** Was ist Ihr Ziel? oder: Vom Nutzen des Coaching im Studiengang Sozialmanagement
13.00	**Pause**
AbsolventInnen zum Thema „Meine Geschichte zum Sozialmanagement"	
13.45	**K. Achnitz:** (Alumna)
14.00	**W. Bittner** (Alumna)
14.15	**J. Mouratidis** (Alumnus)
14.30	**Pause**
15.00	**Prof. Dr. A. Tabatt-Hirschfeldt** (Alumna) Entwicklung des Public Managements in der Kommunalverwaltung am Beispiel des Umgangs mit Flüchtlingsströmen und Attentaten in Deutschland
15.30	**Prof. Dr. L. Kolhoff** Schlusswort

II   Impressionen

Abb. II.1   v. l. n. r.: Prof. Dr.in Brigitta Zierer (Wien), Prof. Dr. Brombach (Dekanin der Fakultät Soziale Arbeit), Prof. Bender (em.), Prof. Dr. Karger (Hochschulpräsidentin), Katrin Rühland, stellvertretende Bürgermeisterin der Stadt Wolfenbüttel, Prof. Dr. Kolhoff, (Studiengangleiter), Prof. Dr. Schwartz (München)

Abb. II.2
Prof. Dr. R. Karger

Abb. II.3
Prof. Dr. S. Brombach

Abb. II.4
K. Rühland

Abb. II.5
Prof. Dr. L. Kolhoff

Abb. II.6
Prof. Dr. G. Schwarz

Abb. II.7
Prof. R. Bender

Abb. II.8
Dipl.-Kfm. M. Vollmer

Abb. II.9
Prof. Dr. A. Tabatt-
Hirschfeldt,

Abb. II.10
K. Achnitz

Abb. II.11
W. Bittner

Abb. II.12
J. Mouratidis

III   Pressemitteilung: Studium Sozialmanagement ebnet Weg zur Promotion

Prof. Dr. Andrea
Tabatt-Hirschfeldt

Foto: privat

In diesem Jahr feierte die Fakultät Soziale Arbeit der Ostfalia Hochschule für angewandte Wissenschaften das 15-jährige Bestehen des Fernstudiengangs „Sozialmanagement" am Campus Wolfenbüttel. Als erster in Deutschland akkreditierter und
inzwischen mehrmals reakkreditierter Studiengang seiner Art, hat der „Master of
Social Management" viele beruflich erfolgreiche Absolventinnen und Absolventen
hervorgebracht – darunter auch die Professorin Dr. Andrea Tabatt-Hirschfeldt aus
Braunschweig.

    In den Jahren 2002 bis 2005 studierte die Diplom-Sozialarbeiterin/Sozialpäd-
agogin Sozialmanagement an der Ostfalia. Gleichzeitig arbeitete sie Vollzeit bei
der Stadt Braunschweig im Fachbereich Soziales und Gesundheit. „Doppel- und
Mehrfachbelastungen sind bei unseren Fernstudierenden fast die Regel", berichtet
Studiengangleiter Prof. Dr. Ludger Kolhoff. „Trotzdem ist das Studium zu schaffen!
Im Studiengang kommen Fernstudienmaterialien, Präsenzeinheiten, Internet-Se-
minare und Coaching-Einheiten zum Tragen, um Fachmethoden und Sozialkom-
petenzen zu vermitteln. Der Studiengang wurde evaluiert und die Ergebnisse sind
ausgesprochen positiv", so Kolhoff.

    Geschafft hat es auch Andrea Tabatt-Hirschfeldt: Ihre Motivation, nach 15 Jah-
ren Sozialer Arbeit noch einmal zu studieren, war die Suche nach neuen Impulsen.
„Für eine Weiterentwicklung wollte ich aber keine Zusatzqualifikation erlangen,

die mir lediglich ein neues Berufsfeld bei gleicher Bezahlung erschließt. Vielmehr strebte ich einen beruflichen Aufstieg an", erklärt Andrea Tabatt-Hirschfeldt. Sie entschied sich für den Fernstudiengang Sozialmanagement an der Ostfalia, und hat dies nicht bereut: „Das wissenschaftliche Arbeiten hat mir gefallen, besonders, mich in ein selbst gewähltes Thema vertiefen zu können. Hilfreich war das Coaching im Studium, und die Vernetzung mit Studierenden aus der gesamten Bundesrepublik empfand ich als äußerst wertvoll."

Der Abschluss „Master of Social Management" ebnete ihr den Weg zur Promotion an der Fakultät für Wirtschafts- und Sozialwissenschaften der Universität Hamburg. Im März 2009 erfolgte der Ruf an die Hochschule Coburg für die Professur für Organisationslehre, Sozialwirtschaft und Sozialmanagement. „Ich empfinde es als Privileg junge, engagierte Menschen auf ihren Beruf – den ich selber 18 Jahre ausgeführt habe – vorzubereiten", sagt die heute 49-jährige. Sie lehrt und forscht in Coburg, hat ihren Hauptwohnsitz aber in Braunschweig. „Hier lebe ich mit meinem Mann und genieße die gemeinsamen Stunden", erklärt die Wissenschaftlerin, die in ihrer Freizeit Gesellschaftstanz liebt und Ölmalerei betreibt.

Evelyn Meyer-Kube / 09.12.2016

The manufacturer's authorised representative in the EU is Springer
Nature Customer Service Centre GmbH, Europaplatz 3, 69115 Heidelberg,
Germany. If you have any concerns regarding our products, please
contact ProductSafety@springernature.com

Printed and bound by CPI Group (UK) Ltd, Croydon, CR0 4YY
30/04/2026
02100216-0001